Klaus-Peter Wolf, Andreas Scheepker, Usch Luhn,
Bernd Flessner, Manfred Reuter, Jutta Oltmanns,
Désirée Warntjen, Lübbert R. Haneborger und Silke Arends

Neun Gemäuer
Neun Verbrechen

Mit Kurzportraits der
Burgen und Schlösser

Edition ***Ostfriesland Magazin*** | Premium

Soviel steht fest: Dies sind Kriminalgeschichten, nicht mehr und nicht weniger. Nicht alle Personen und Handlungen sind frei erfunden. Die Kulissen ähneln der Realität. Und bleiben doch Kulissen.

Neun Gemäuer – Neun Verbrechen
Mit Kurzportraits der Burgen und Schlösser und Krimis von Klaus-Peter Wolf, Andreas Scheepker, Usch Luhn, Bernd Flessner, Manfred Reuter, Jutta Oltmanns, Désirée Warntjen, Lübbert R. Haneborger und Silke Arends

Das Buch erscheint in der Edition Ostfriesland Magazin,
herausgegeben von Lübbert R. Haneborger und Silke Arends

1. Auflage 2012
ISBN 978-3-939870-99-9

Bibliografische Information der Deutschen Bibliothek: Die Deutsche Bibliothek verzeichnet diese Publikation in der Deutschen Nationalbibliografie; detaillierte bibliografische Daten sind im Internet über ‹http://dnb.ddb.de› abrufbar

Verlagsanschrift:
Stellmacherstraße 14, 26506 Norden
Internet: www.skn.info, E-Mail: verlag@skn.info

Lektorat: Inge Straatmann
Umschlaggestaltung / Layout: Wiebke Rocker
Konzept / Produktion / Ortsportraits: Lübbert R. Haneborger / Silke Arends

Grundschrift: Caslon Regular

Druck und Gesamtherstellung:
SKN Druck und Verlag GmbH & Co. KG / Printed in Germany

Fotos: SKN-Bildarchiv, Martin Stromann; außer: Silke Arends (S. 63 u. 65), Tanja van Uden (S. Aurich 109 o.), Lübbert R. Haneborger (S. 109 u., 110-111, S. 187 o.), Bianca Ites (S. 149 o., 188 [3], 190 [3]), Lennart Adam (S. 149 u.), Anna Sophie Inden (S. 167), Karsten Gleich (S. 170-171, 182-185), Marie Kleine (S. 189 [3]) © SKN Druck u. Verlag / OSTFRIESLAND BILD 2012.
Sowie: Thomas Fröhling (S. 188 [1]), Andreas Riedel (S. 188 [2]), Privat (S. 189 [1]), Werner Reiners (S. 189 [2]), Johannes Ludwigs (S. 190 [1]) und Wiebke Warntjen (S. 190 [2]).

Inhaltsverzeichnis

*„Ich bin, gottlob!, altadelig, jedoch mein Sohn,
das ärgert mich, zählt einen Ahnen mehr als ich."*
– Johann Christoph Friedrich Haug –

Mörderische Schloss-Geschichten

„Die Verzweiflung ist von dünnen Wänden umgeben, die alle ins Laster oder ins Verbrechen führen", formulierte es der französische Schriftsteller Victor Hugo (1802–1885) in seinem Roman „Les Misérables" (Die Elenden, 1862). Und meinte damit: Es kann jeden treffen – hier wie andernorts. So unterschiedlich die Motive, so verschieden sind die Delinquenten. Ob der Übeltäter in einer Moorkate haust oder hinter meterdicken, schmucken Mauern residiert. Ob er morgen zum Missetäter wird oder es schon vor Jahrhunderten wurde.

Historische Gemäuer beeindrucken, weil sie Geschichte haben. Jedem sagt man Ereignisse nach, die seit Jahrhunderten überliefert sind und eine ganz eigene Wahrheit in sich tragen. Manches hat sich im Nebel der Geschehnisse verirrt, anderes könnte sich tatsächlich so zugetragen haben. Wären die Damen und Herren in den güldenen Rahmen der Gemäldegalerien in der Lage, aus der Vergangenheit zu plaudern, müssten Chroniken umgeschrieben werden, bekämen uralte Stammbäume sprießende Zweige und Knospen, wären bewährte Historiker aufs Neue gefordert. Faszinierend!

Dass man jenen Geheimnissen der Geschichte überall dort nachspüren kann, wo Burgen, Schlösser und andere Gemäuer aufragen, die schon weit vor unserer Zeit mit Leben erfüllt waren, ist ein Garant für lebendigen Tourismus. Weltweit. Doch man muss gar nicht Koffer packen, um die Rätsel der Vergangenheit zu entdecken. Auch Ostfriesland bietet jene Stätten, die mit spannungsreichen Geschichten aufwarten. Orte, an denen sich das eine oder andere Mysterium auftut.

Dass wir uns in dieser Krimi-Anthologie einigen Burgen und Schlössern in Ostfriesland widmen, kann durchaus Assoziationen zu den Klassikern der englischen Kriminalliteratur wecken. Autorinnen wie Dorothy L. Sayers (1893–1957) entstammten dem einfachen Landadel oder wurden wie die *Queen of Crime*, Agatha Christie (1890–1976), in den Orden des britischen Empire aufgenommen und damit in den Adelsstand erhoben – für schriftstellerische Verdienste, wohlgemerkt! Der adelige Hobbydetektiv *Lord Peter Wimsey* von Sayers entspringt der Welt der Burgen und Schlösser ebenso, wie seine „erlauchten" Protagonisten in dubiose Erbschaften, Verschwörungen, Familiengeheimnisse oder gar Flüche verwickelt sind. Oft geht das einher mit pointierten Sticheleien gegen die herrschende Gesellschaftsschicht und offenbart deren allzu menschliche Verfehlungen – entsprechende Figuren schufen seinerzeit Wilkie Collins („Die Frau in Weiß", 1860) oder Arthur Conan Doyle („Das Musgrave-Ritual", 1893/„Der Hund der Baskervilles", 1903). Dass jene Charaktere lebendig sind, belegt Martha Grimes, die ihren Scotland Yard-Superintendent *Richard Jury* neben dem Earl of Caverness ermitteln lässt, auch wenn der abgedankt hat und sich bürgerlich *Melrose Plant* nennt.

Nun, sollten Sie die eben erwähnten Herrschaften nicht kennen, so sollten Sie sich nicht grämen – oder gar verzweifeln. Auch jene Personen, auf die Sie in den folgenden neun kriminellen Geschichten stoßen, dürften Ihnen noch nie persönlich begegnet sein. Wenn doch, so bräuchten Sie demnächst vielleicht ein Alibi.

Silke Arends und Lübbert R. Haneborger

Steinhaus Bunderhee

Jutta Oltmanns

Schicksalsschwestern

Mein Herz brach am 10. Mai 1434, als mein Liebster mit der *Windsbraut* unterging. Er ließ mich nicht alleine zurück. Mir blieb ein Pfand unter dem Herzen. Damit mein Kind nicht in Schande geboren wurde, gab ich dem Drängen meines Vaters nach und heiratete Albert Dreesen, einen Kaufmann, der um vieles älter war als ich. Bei unserer ersten Begegnung betrachtete er mich so, wie mein Vater eine Stute, die er für seine Ställe zu erwerben gedenkt. Albert wähnte mich jungfräulich, und als ich sieben Monate nach unserer Hochzeit einen gesunden Sohn, Lukas, zur Welt brachte, war er zufrieden.

Das Leben an seiner Seite war eine Strafe, fürwahr. Besonders die Nächte, wenn Alberts grobe Hände mich aufs Bett zerrten. Wurde es zu arg, dachte ich an Lukas, an seine großen Augen, die weichen rosigen Lippen und straffte die Schultern. Alles hatte seinen Preis.

Um meinem Gatten für eine Weile zu entfliehen, bat ich Vater, ihn auf einer seiner Reisen begleiten zu dürfen. Er trieb Handel mit unseren Landsleuten, die seit einiger Zeit die Stadt Emden befehligten, und mit den umliegenden Seelanden. Vater hatte mir begeistert von den Friesen erzählt, von ihrer Freiheitsliebe, den Mächtigen unter ihnen, die Häuptlinge genannt wurden und hohe Steinhäuser besaßen. Nach vielen Fehden hielten die Cirksena, mit denen die Hamburger im Bunde standen, das Zepter in der Hand.

Mein Gatte gab die Erlaubnis zur Reise. Ich verabschiedete mich, Traurigkeit mimend, von ihm und traf mitsamt meinem Sohn und einer Amme an einem heißen Sommertag im Juni 1435 in der Hafenstadt Emden ein. Wir wurden von einem Geschäftsfreund aufgenommen. Von unserem Domizil aus bereisten Vater und ich in den kommenden Wochen den Osten Frieslands. Bald tat es mir fast leid, seiner Begeisterung gefolgt zu sein. Friesland, von der brodelnden See gesäumt, war so wild und fremd, die Wege durch Moor, Marsch und Geest tückisch und die ungezähmten Menschen erfüllten mich mit Beklommenheit.

An einem der letzten Tage der Reise quartierten wir uns in einem Gasthaus in der Nähe der Festung Leerort ein. Die Hamburger hatten zur Absicherung ihrer Schifffahrt am Zusammenfluss von Leda und Ems eine Burg errichtet. Vater traf sich mit Handelspartnern, zu denen auch der Häuptling Luwert Saninga aus Bunderhee gehörte. Dieser riet uns hinter vorgehaltener Hand, in seinem Steinhaus Schutz zu suchen. Es ging das Gerücht, eine Verschwörung sei im Gange, die es sich zum Ziel gesetzt habe, die Hamburger Besatzer handstreichartig zu überwältigen.

Vater tat das Gerede als Geschwätz ab. „Wen haben die Hamburger und die mächtigen Cirksena denn schon gegen sich? Wenn Ihr glaubt, die wenigen Gefolgsleute Focko Ukenas würden es wagen, sie anzugreifen, dann seid Ihr ein Narr. Woher wollen sie Schiffe und Kämpfer nehmen?“

Luwert Saninga bestand darauf, zumindest mich auf seiner Feste zu beherbergen. Vater willigte schließlich ein. Und so kam es, dass ich mich am selben Tag mit den gekauften Handelswaren auf die Reise begab. Der Kutscher des schwer beladenen Wagens stieß leise Flüche aus, wann immer das Gefährt durch Schlaglöcher fuhr. Ich saß neben ihm auf dem Bock und zuckte jedes Mal zusammen, was den Alten nicht zu stören schien.

Ein Trupp verwegener Burschen begleitete uns. Sie hielten sich mit ihren Pferden dicht bei dem Karren. Einige befühlten immer wieder ihre Schwerter und Dolche, wie um sich zu vergewissern, dass sie noch da waren. Andere hoben die Schilde. Sie hatten vor, in einen Kampf zu ziehen, um alles zu gewinnen oder alles zu verlieren, ihr Leben eingeschlossen. Im Morgengrauen sollte es sich entscheiden. Doch davon wusste ich zum damaligen Zeitpunkt nichts. Genauso wenig wie ich von der weißen Frau wusste, deren Burg das Gefährt ansteuerte.

Es dunkelte schon, als ich von Ferne das Steinhaus erblickte. Der massive Bau erhob sich hoch über Land und Meer. Im Dämmerlicht sah ich dunkle Vögel um das Gemäuer kreisen. Ihre schrillen Schreie ließen mich erschauern. Schwarze Vögel sind Unglücksboten!

Wir kamen an verlassenen Feldern, reetgedeckten Hütten und einem Gotteshaus vorbei. Bunderhee war nur schwach befestigt und ganz aus Holz errichtet. Der mächtige Wehrturm aus gebrannten Ziegelsteinen wurde durch einen breiten Graben vom Rest des Häuptlingssitzes getrennt.

Meine Augen glitten an der Feste empor, in der ich die Nacht verbringen sollte. Ich sah das Dach mit dem Umgang, einige winzige Fenster und die Schießscharten. Unversehens überlief mich ein Schauer. Es war mir, als ob ich von außen auf ein Grab blickte. Und dann, urplötzlich, sah ich sie! Eine weiße Gestalt mit langem, silbrigem Haar huschte auf dem Umgang hin und her.

Kälte stahl sich unter den Saum meines Mantels. Etwas Eigenartiges ging vor. Ein Gefühl unendlicher Schwere durchströmte mich. Es war, als bemächtige sich jemand meiner Gedanken. Ein Rauschen füllte meine Ohren und dann den Kopf. Das Schreien der Vögel, die Rufe der Männer, alle Geräusche um mich her verschwanden mehr und mehr in den Hintergrund. Die Gestalt bannte mich. Für einen Moment vereinigte ich mich mit dem Wesen oben auf der Feste und konnte das Leid ermessen, das ihr Herz beschwerte. Diese

Frau hatte ihren Liebsten verloren, genau wie ich. Ein Geräusch unendlichen Jammers tönte in mir. Herzzerreißende kleine Schluchzer und dann Worte, eindringlich und flehend: „Geht nicht hinein! Springt vom Wagen und flieht!"

Ich schrie auf, zog den Kutscher am Ärmel und wies nach oben. Doch in diesem Augenblick schob sich eine Wolke vor den Mond und die nebelartige Gestalt verschwand in der Dunkelheit. Ein Heulen ließ mich zusammenzucken, doch es war nur der Wind, der um die hohen Mauern pfiff.

„Da oben, auf dem Turm … Ich habe eine weiße Frau gesehen." Der Kutscher starrte mich an wie einen Geist. Dann fuhr er sich mit zittrigen Fingern durch den verfilzten Bart. „Es mag sein, dass es Okka, die Jungfer vom Steinhaus, war. Man sagt, sie geht um in der Nacht. Wem sie erscheint, den wird ein großes Glück oder Unglück treffen. Und ein Mensch wird sterben. Das in jedem Fall."

„Was weißt du über sie?"

„Was jeder hier weiß. Wunderschön soll das Weib gewesen sein, aber ihr Herz so kalt wie Eis. Es gab viele Verehrer, doch sie wies einen Burschen nach dem nächsten mit Hohn und Spott zurück. Udo Okkinga traf das Unglück, sich unsterblich in die Schöne zu verlieben. Seine Familie zählte zu den besten Geschlechtern des Rheiderlandes. Sie besaßen Geld und Macht, doch Okka wollte auch ihn nicht. Da ließ ihr Udo durch einen Boten ein Schmuckstück überbringen, eine Brosche aus dem Morgenland, der ein besonderer Zauber innewohnte. Es hieß, über dem Herzen getragen, entbrenne man in Liebe zu dem, der einem das Kleinod verehrte. Okka warf den Schmuck achtlos zur Seite. ‚Ich bin nicht käuflich', ließ sie Udo wissen. Er könne sich ihrethalben zum Teufel scheren oder dahin gehen, wo der Schmuck hergekommen sei. Und genau das tat Udo. Mit gebrochenem Herzen ließ er sich für einen Kreuzzug ins Heilige Land anwerben. Als Okka – vielleicht aus Neugier – doch zu der Brosche griff, geschah, was die Weissagung verheißen hatte. Doch es war zu spät. Im selbigen Augenblick, da sie in Liebe entbrannte, hauchte Udo im Türkenland sein Leben aus. Okka raufte sich die Haare, als sie davon hörte. Sie verging vor Sehnsucht nach ihm und vermochte weder zu essen noch zu trinken. Eines Nachts stieg die Jungfer aus lauter Verzweiflung den Turm hinauf und stürzte sich in die Tiefe. Es war ihr Vater, der sie tags darauf im Burggraben fand. Ihr Leichnam liegt in geweihter Erde, doch das Weib findet selbst im Tod keine Ruhe. In hellen Mondnächten geschieht es, dass man sie durch die Burg wandeln oder am Wehrgraben stehen sieht."

Als ob genug gesagt sei, wandte sich der Kutscher dem Wachposten auf der anderen Seite des Grabens zu, der eine Fackel schwenkte.

„He, ihr da drüben, macht auf. Wir bringen eine Ladung Vorräte und ein hübsches junges Weib. Man sagte mir, wir würden erwartet."

Die Zugbrücke setzte sich in Bewegung und das schwere Fallgitter wurde rasselnd hochgezogen. Das Tor schwang auf und wir überquerten die Brücke. Ich sprang vom Bock und wollte durch das Portal ins Innere des Turms gehen, doch einer der Wächter hielt mich am Arm zurück.

„Das ist nichts für Euch. Hier unten sind nur die Vorräte und Tiere untergebracht. Ihr müsst die Leitertreppe nach oben nehmen."

Einen Augenblick sah ich zu, wie Männer und Pferde umeinander wimmelten. Dann wurde meine Aufmerksamkeit von der sich öffnenden Tür des hoch über dem Erdreich liegenden Eingangs gelenkt. Ich griff nach der herabgelassenen Strickleiter und stieg die Stufen hinauf. Hilfreiche Hände streckten sich mir entgegen und zogen mich in einen Raum. Drinnen war es verraucht und düster. Fackeln brannten und warfen flackernde Schatten auf Boden und Wände. Bis auf eine junge Frau konnte ich niemanden ausmachen. Von Ferne jedoch klangen gedämpfte Geräusche und leises Lachen.

„Ein Trupp Männer sowie die Frauen und Kinder des Dorfes sind im obersten Stockwerk untergebracht. Ich werde die Leitertreppe hinauf nehmen. Ihr solltet hierbleiben, denn es wartet jemand auf Euch."

Die Frau wandte sich mit einem Lächeln von mir ab und jetzt, da sich meine Augen an die Dunkelheit gewöhnt hatten, erkannte ich, dass doch noch eine Person im Raum war. Ein Mann mit langem Haar und breiten Schultern, der mir den Rücken zuwandte. Ich sog scharf die Luft ein, denn das Aussehen des Fremden weckte Erinnerungen. Mein Herz tat einen Satz, doch dann schalt ich mich eine Närrin. Der Schmerz des Verlustes packte mich erneut. Bebend entwich mein Atem und ich starrte zu Boden.

„Katharina!"

Mein Kopf schoss in die Höhe. Diese Stimme! Ich hätte sie unter Tausenden erkannt! Seit Monaten hatte ich mir nicht mehr gestattet, an ihn zu denken und jetzt stand er hier vor mir.

„Matthias! Mein Gott – bist du es wirklich?"

Ich flog auf ihn zu und wir hielten einander so fest, dass es weh tat. Schließlich umschloss Matthias mein Gesicht mit beiden Händen und küsste mich.

„Du, du … Dass ich dich wiederhabe!"

Ich lachte und weinte zugleich. „Ich wähnte dich tot, doch du lebst!"

Er küsste mich auf die Augenlider, die Stirn und das Haar. „Grundgütiger Gott, wie ich dich vermisst habe! Als ich hörte, dass du mit deinem Vater reist, habe ich Luwert Saninga angefleht, dich hierher auf die Burg zu schaffen."

Matthias schwang mich durch die Luft. Mein Reisemantel glitt zu Boden auf die Binsenstreu, doch ich nahm es kaum wahr. Meine Augen konnten nicht von ihm lassen. Er hatte sich wenig verändert in den vergangenen Monaten, nur das

Haar trug er länger als sonst. Matthias war etwas größer als ich, breitschultrig und trotzdem beinahe schmerzhaft dünn. Die Falten in seinem Gesicht hatten sich vertieft, doch seine blauen Augen blitzten fröhlich, wie immer.

„Komm zum Tisch, dort, beim kleinen Fenster. Ich habe uns Bier und etwas zum Schmausen auftragen lassen. Danach können wir reden. Du sollst alles erfahren."

Wir aßen und tranken schweigend. In der Stille danach lauschte ich den Eulen, die durch die Nacht schrien. Matthias Hand lag auf meinen Fingern und die Botschaft in seinen Augen war eindeutig. Kerzenschein spielte auf seinem Gesicht. Wir saßen auf einer Bank eng nebeneinander und hatten von einem rotirdenen Teller gegessen. Unsere Blicke trafen sich und einen Augenblick lang sahen wir uns nur wortlos an. Ich spürte, wie brennende Erregung meinen Körper überlief. „Wenn wir nur alleine wären!"

„Bald werde ich dich in mein Reich entführen. Kein kaltes Gemäuer wie diese Feste, sondern ein wohnliches Steinhaus. Dort werden wir uns vor einem Kaminfeuer aalen – du und ich. Davon habe ich Nacht für Nacht geträumt, Katharina."

Meine Arme streckten sich nach ihm aus und mein Liebster küsste mich erneut, bis das Blut heiß durch meine Adern jagte. Schließlich hielt Matthias inne und legte seine Wange an meine. Er roch nach Leder und Pferd. Ein ganz anderer Duft als die ranzigen Ausdünstungen meines Gatten. Beim Gedanken an ihn durchzuckte mich Angst wie ein Peitschenhieb. Ich wünschte mir nichts sehnlicher, als mit Matthias zu gehen, um mit ihm und unserem Sohn ein neues Leben anzufangen, doch Albert würde das niemals zulassen. Ihn zum Hahnrei machen hieß, das Eheschwert heraufzubeschwören. Mein Gemahl würde uns suchen und finden. Er würde uns töten, selbst aber ungestraft davonkommen. Lukas wäre dazu verdammt, mit dem Stigma zu leben, seine Mutter sei eine Hure gewesen und von seinem

Vater ermordet worden. Voller Entsetzen erkannte ich, dass ich zu Albert zurückkehren musste, um die zu schützen, die ich liebte. Matthias durfte niemals erfahren, dass er einen Sohn hatte.

Ich entzog mich seinen Armen und blickte durch das kleine Fenster zu den Sternen auf. Ein einzelner funkelte heller als alle anderen. Er wirkte einsam inmitten der blasseren Lichter. Diese Einsamkeit durchflutete jetzt auch mich, während ich neben dem Mann saß, den ich liebte. Tränen schossen mir in die Augen und ich erkannte den Stern nur noch wie durch einen Nebelschleier.

Matthias schien meine Verfassung der Wiedersehensfreude zuzuschreiben. Mit sanften Fingern wischte er mir die Tränen von den Wangen. „Alles ist gut, mein Herz."

„Erzähl mir, wie du das Unglück überlebt hast", bat ich mit bebender Stimme.

„Vom Untergang der *Windsbraut* weiß ich nichts mehr. Ich kann mich nur noch daran erinnern, dass ich – ein Stück Holz umklammernd – auf dem Wasser trieb. Irgendwann steuerte eine Kogge auf mich zu und ich wurde gerettet. Der Sturm, das Sinken des Schiffes, mein Name und auch du – all das war monatelang wie ausgelöscht. Ich hatte eine tiefe Wunde an der Schläfe. Die Männer an Bord der Kogge pflegten mich gesund und als es mir wieder besser ging, wurde ich einer der ihren. Mittlerweile befehlige ich ein eigenes Schiff. Vor vier Wochen erst klarte sich mein Kopf wieder auf. Von da an hatte ich nur noch den Wunsch, dich wiederzusehen."

„Für welchen Reeder fährst du?"

„Katharina, die Männer, die mich aufnahmen, unterstehen keinem Schiffsherrn, sondern gehören allesamt einer Bruderschaft an."

„Einer Bruderschaft?"

„Du kennst sie unter dem Namen Vitalienbrüder."

„Willst du damit sagen, dass Seeräuber dich gerettet haben?“

„So ist es. Und heute bin ich froh darüber. Die Männer und ich, wir sind eine Gemeinschaft, Brüder unter Brüdern. Es zählt nicht, wer man war oder was man besitzt.“

Ich hörte seine Begeisterung, vermochte ihn aber nur entsetzt anzustarren. Die Vitalienbrüder! Feinde meines Vaters. Feinde aller Hamburger Kaufleute und Reeder.

„Aber es sind Verbrecher, landschädliche Leute, die verfolgt und bestraft werden.“

„Ich weiß, wie du über die Sache denkst und daher wird für mich die Kaperei bald der Vergangenheit angehören, das verspreche ich dir. Einmal noch werde ich mit den Brüdern gemeinsame Sache machen. Wir wollen den Häuptling von Bunderhee im Kampf gegen die Cirksena unterstützen.“

Verwirrt schüttelte ich den Kopf. „Gehört Luwert Saninga denn nicht dem Freiheitsbund der Cirksena an?“

„Nur dem Anschein nach. Er ist ein alter Anhänger Focko Ukenas und wieder zu ihm übergelaufen.“

„Aber wenn du für Luwert Saninga in den Kampf ziehst, dann stellst du dich auch gegen die Hamburger, gegen dein eigenes Volk.“

„Ich stelle mich auf keine Seite. Der Kampf für den Häuptling ist ein Geschäft und wird mir als Anführer der Vitalienbrüder eine gute Stange Geld einbringen. Außerdem sind wir Luwert Saninga etwas schuldig. Er hat uns in den letzten Monaten sicheren Unterschlupf in seinem Hafen geboten. Emden wird mit einem Handstreich in unserer Gewalt sein. Meine Männer, alles kampferprobte Burschen, lagern im oberen Stockwerk. Im Morgengrauen vereinigen wir uns mit dem Häuptling und seinen Mannen.“

Während er so sprach, spürte ich, wie mich Entsetzen überkam. Es war nicht nur die Tatsache, dass Matthias sich den Vitalienbrüdern angeschlossen hatte und für Geld kämpfte, sondern die Angst um das Leben meines Sohnes, die mich lähmte. In Emden würde Blut fließen. Was, wenn es das von Lukas wäre? Ich könnte es nicht ertragen! Die Angst um mein Kind brachte mich an den Rand des Wahnsinns. Ich wollte weg von der Burg und zu ihm, wollte Lukas in die Arme nehmen und mit meinem Körper schützen.

In meinem Kopf überschlugen sich die Gedanken. Wenn ich Matthias nun doch von seinem Sohn erzählte – könnte er Lukas retten? Vielleicht. Doch was würde danach geschehen? Einen Sohn gab man nicht so einfach wieder her. Lukas und ich aber waren Eigentum eines anderen Mannes. Schreckliche Bilder stiegen in mir auf. Matthias und Albert im Kampf. Blut färbte den Boden rot. Doch es war nicht das Blut der Männer, sondern das meines Sohnes. Grauen packte mich und dann nistete sich ein Gedanke in meinem Kopf ein, ein Einfall, wie ihn nur die Verzweiflung gebären kann.

Ich schrak zusammen, als Matthias seinen Arm um mich legte. „Wenn du dich um deinen Vater sorgst – er ist in Sicherheit. Das habe ich veranlasst. Seine Kutsche wird morgen früh hier eintreffen. Ich gehe jetzt hinauf zu meinen Männern. Wir werden im Morgengrauen aufbrechen. Du kannst dich dort drüben auf der Schlafbank eine Weile ausruhen."

„Sehe ich dich noch, bevor ihr geht?"

„Ich hole mir einen Abschiedskuss."

Ich blieb allein am Fenster zurück. Waffengeklirr und Rufe klangen herunter. Mir wurde kalt. Die Kälte kroch bis in mein Herz. Wer noch nie dem Tod ins Auge geblickt, wer noch nichts von diesen Qualen weiß, wird nicht verstehen, was ich gefühlt habe. Schwerfällig, wie eine alte Frau, zog ich Matthias' Krug heran und schenkte Bier nach. Dann griff ich nach einem Beutel an meinem Gürtel.

„Nur für den Fall, dass du in eine Lage kommst, in der der Tod leichter zu ertragen ist als das Leben", hörte ich meine Mutter sagen.

Mit bebenden Fingern öffnete ich die Verschnürung und ließ das Pulver in den Gerstensaft rieseln. Dann wandte ich meinen Blick ab und suchte am Himmel nach dem hellen Stern, um mit ihm erneut die Einsamkeit zu teilen. Doch da war kein Leuchten, an dem ich mich hätte festhalten können. Es gab nur noch Finsternis um mich und in meinem Herzen. Mit bleiernen Knochen saß ich auf der Bank und wartete auf den Anbruch des Morgens.

„Aller Welt Feind und Gottes Freund!"

Ich hörte den Schlachtruf der Vitalienbrüder und wusste, dass es soweit war. Matthias kam. Er sah fremd und verwegen aus in seiner Kampftracht.

„Wünsch mir Glück!"

Wir küssten uns wie Ertrinkende.

Ich hob den Krug vom Tisch. Der Duft des Bieres schlug mir herb entgegen. Matthias nahm den Becher aus meiner Hand und prostete mir zu. Als das Getränk durch seine Kehle rann, zerriss es mir schier das Herz. Mein Liebster wischte sich über die Lippen und zwinkerte einige Male verwundert. Ihm schien schwindelig zu werden. Er sank auf die Bank neben mir. Das Gift tat seine Wirkung und er begriff. Matthias starrte mich entsetzt an, wollte etwas sagen, doch nur mehr ein Lallen kam aus seinem Mund. Er fasste sich mit der Hand an die eng werdende Kehle, brach in sich zusammen und fiel mir entgegen. Ich bettete ihn auf die Bank und legte eine Decke um seinen zitternden Körper. Schweißperlen sammelten sich auf seiner Stirn. Es würde schnell gehen, das hatte Mutter versprochen.

Männer kamen und schrien, als sie ihn so krank daliegen sahen. In aller Eile wurde nach einem Geistlichen gerufen, der sich auch auf Krankheiten verstand. Doch dieser wusste sich keinen Rat. Dann erschien die weise Frau des Dorfes. Sie schüttelte nur traurig den Kopf. Ihr misstrauischer Blick ruhte lange auf mir, doch ich achtete nicht darauf. Ich sah nur Matthias und versuchte, seine Qualen zu lindern. Meine Hände wischten mit einem nassen Tuch den Schweiß von seiner Stirn. Jeden Schritt, den er sich dem Tode näherte, empfand ich wie einen Dolchstoß, der mein Herz durchbohrte. Sprechen konnte er nicht mehr. Seine Augen waren es, vor denen mir am meisten graute. Meine Tat lag zwischen uns wie ein Schlachtfeld.

Unter den Vitalienbrüdern auf der Burg kam es zu Uneinigkeit. Ohne ihren führenden Kopf wollten sie nicht kämpfen. Als die Männer schließlich wütend auseinanderliefen, tat Matthias seinen letzten Atemzug.

Für einen Moment stand die Welt still. Als einer der Freibeuter weinend neben mir in die Knie sank, schloss ich mit zittrigen Fingern die Augenlider des Toten. Dann wandte ich mich ab und tastete, tränenblind und gepackt von Grauen, an der Mauer entlang. Mein Kleid war schweißdurchtränkt und im Mund schmeckte ich Galle. Endlich umfassten meine Finger den Türbogen, der nach draußen führte. Die Leitertreppe wartete auf mich, doch ich drohte ohnmächtig zu werden. Meine Nägel krallten sich in raue Flächen. Ich klammerte mich an das Mauergestein. Blut sickerte aus den Fingern. Ich spürte es nicht. Rinnsale von Rot befleckten die Wand.

Schließlich stieg ich die Leitertreppe hinunter, raffte die Röcke mit beiden Händen und begann zu rennen. Vor dem Langhaus des Häuptlings sah ich die Kutsche meines Vaters stehen. Es musste mir gelingen, sie zu erreichen, bevor ich zusammenbrach. Die Wachen wichen zur Seite. Keiner sprach mich an. Das einzige, was ich hörte, war mein eigener keuchender Atem. Meine Füße fanden wie von selbst den Weg zur Kutsche. Irgendwann kam mein Vater und setzte sich zu mir in den Wagen. Von den Vorgängen auf der Burg und dem, was der Häuptling geplant hatte, schien er nichts zu wissen.

Wir fuhren nach Emden, wo mir die Amme schon mit meinem Sohn entgegenkam. Doch selbst seine weichen Ärmchen, der nasse küssende Mund, lenkten mich nicht von dem Entsetzlichen ab. Zurück in unserem Stadthaus in Hamburg, wurde ich krank. Wochenlang lag ich im abgedunkelten Gemach. Ich fühlte mich wie taub und kalt wie Eis. Nacht für Nacht sah ich Matthias' Gesicht vor mir, seine leuchtenden Augen, den lachenden Mund. Nie wieder! Niemals mehr! Die Würfel waren gefallen. Ich selbst hatte den Becher geschwungen.

Eines Nachts, als ich am Rand des Abgrunds stand und mich die samtene Dunkelheit des ewigen Schlafes lockte, überkam mich wieder jenes Gefühl, das sich meiner damals vor der Burg bemächtigt hatte. Eine Stimme sprach zu mir.

„Schicksalsschwester, tut es nicht! Der Sprung in das Purpur des Todes bringt nur ewige Qualen. Mir blieb nichts anderes, doch Ihr habt einen Grund zu leben!"

Ich schrie auf und vergrub mein Gesicht tief in das Kissen. Für einen Moment glaubte ich Matthias' Geruch wahrnehmen zu können, seinen Körper zu spüren, weiche Lippen auf meiner Haut. Ich hörte seine Stimme, die meinen Namen rief, liebevoll und verzeihend. Dann verflüchtigte sich der Eindruck wieder.

In dieser Nacht schlief ich tief und traumlos. Als die Amme am nächsten Morgen mit meinem Sohn ins Krankenzimmer kam, streckte ich die Arme nach ihm aus. Lukas streichelte mich mit sanften Händen und entlockte mir ein erstes Lächeln. Langsam genas ich und kehrte, schwach und nur mehr ein Schatten meiner selbst, ins Leben zurück. Matthias' Bild und die Geschehnisse auf der Burg verschloss ich tief in meinem Herzen.

Manchmal jedoch, in mondhellen Nächten, kehrt die Erinnerung zurück. Dann stehe ich auf und blicke aus dem

Fenster auf den Friedhof. Oft glaube ich bei den Gräbern eine helle Gestalt wahrnehmen zu können. Sie schwebt zwischen den Steinen, verharrt kurz, um dann weiterzugleiten.

Trauer steigt stets in mir auf und ich denke an meine erste Begegnung mit der weißen Frau von Bunderhee. Damals auf jener Burg im Friesenland, wo sich mein Schicksal entschied.

Steinhaus Bunderhee

Landkreis Leer

Im Verlauf des 13. Jahrhunderts gelangten innerhalb der vormals freien Landesgemeinden einzelne Familien zu besonderem Einfluss, die zu ihrem Schutz turmförmige und wehrhafte Backsteinbauten, die sogenannten Steinhäuser, errichten ließen. In der zweiten Hälfte des 14. Jahrhunderts entstand auch in Bunde im Rheiderland, nur wenige Kilometer von der niederländischen Grenze entfernt, ein solcher gut 15 Meter hoher, dreigeschossiger Wehrturm, welcher zunächst als reiner Schutz- und Speicherbau diente

Die Rückseite des Steinhauses Bunderhee kurz vor Abschluss der umfangreichen Sanierungsarbeiten 2011 (links). Im 16. Jh. wurden die ursprünglich winzigen Fenster im ehemaligen Wehrturm vergrößert (oben).

– mit einem Eingang im ersten Stock und von einem Burggraben umgeben. Während die wenigen erhaltenen Steinhäuser Ostfrieslands heute zumeist in Um- und Anbauten integriert sind und alle übrigen nur noch archäologisch nachweisbar, ist der mittelalterliche Wehrturm von Bunderhee weitestgehend intakt geblieben.

Der Wandel vom reinen Wehrbau zum repräsentativen Wohnhaus der ostfriesischen Häuptlingsfamilien Crumminga, zu Deddeborg und Sparringa vollzog sich um etwa 1550.

Der mittelalterliche Wehrturm diente ursprünglich als Schutz- und Speicherbau. Mitte des 16. Jh. vollzog sich der Wandel zum Wohnhaus.

Dabei wurde der Turm um einen kleinen Anbau an der Westseite ergänzt, welcher unter anderem über einen komfortableren Eingang verfügte. Das Dachgeschoss des Turmhauses erhielt seine heutige Gestalt und wurde mit einem spätgotischen Kamin versehen. Weitere Veränderungen, wie der Einbau einer Wendeltreppe und die Vergrößerung der ursprünglich winzigen Fenster, erfolgten gegen Ende des 16. Jahrhunderts.

Petrus Ficinus († 1623) aus Geldern war ab 1595 Besitzer des Steinhauses und stand im Dienst der Grafen Ostfrieslands. 1599 verlieh Graf Enno II. dem Steinhaus die adelige Freiheit. Das Gebäude wurde ab 1600 verpachtet. Der barocke Flügelanbau des Gebäudes datiert auf das Jahr 1712 und dessen weitere Vergrößerung auf das Jahr 1735. Dies bekunden die Sandsteintafeln am Westgiebel und an der Südseite oberhalb des Haupteingangs, die zugleich an den damaligen Besitzer und letzten Bauherrn Johannes van Heteren erinnern.

Erste denkmalpflegerische Maßnahmen wurden im Jahre 1928 veranlasst – seinerzeit durch die damalige Provinz Hannover. 1976 erwarb die Ostfriesische Landschaft das historische Gebäude und nahm weitere Instandsetzungen vor. Bis zum Jahr 2002 beherbergte das Steinhaus die Norddeutsche Orgelakademie, die heute im Organeum im rheiderländischen Weener zu finden ist. Nach einer zeitweisen Vermietung wurde das Steinhaus von 2009 bis zum April 2011 für 400 000 Euro aufwendig saniert. Neben einer ständigen Ausstellung zur Geschichte des Steinhauses und zum Leben und Wirken der ostfriesischen Häuptlinge sind fortan regelmäßige Führungen und Kulturveranstaltungen geplant – beispielsweise Lesungen am Kaminfeuer. Außerdem soll der angrenzende Park, der das großbäuerliche Selbstverständnis in der Zeit um 1900 veranschaulicht, saniert und für Besucher geöffnet werden.

Das Gemäuer, das als ursprünglichste Häuptlingsburg Ostfrieslands gelten darf, vereint somit Alt und Neu und bietet wie kein anderes einen Querschnitt durch die Epochen und Jahrhunderte – mit dem Wehrturm aus dem 14. Jahrhundert, den gotischen Kaminen aus der Zeit um 1500, dem barocken Flügelanbau aus den Anfangsjahren des 18. Jahrhunderts und nicht zu vergessen die „Andenken“ an vorangegangene Sanierungsmaßnahmen – wie zwei kleine Buntglasfenster.

Der Barock-Anbau wird von der Ostfriesischen Landschaft für Konzerte und andere Kulturveranstaltungen genutzt.

Die Sandsteintafeln am Giebel des Flügelanbaus zeigen das Wappen der Familie van Heteren sowie eine Datierung des Anbaus auf 1712.

Evenburg

Usch Luhn

Das fremde Kind

Charlotte erwachte von einem beißenden Gestank. Verwirrt setzte sie sich in ihrem Bett auf und schaute sich um. Ihr Hals kratzte, zu schlucken fiel ihr schwer. Selbst durch die schweren Vorhänge sah sie die lodernden Flammen.

Im gleichen Atemzug stürzte sie bereits zum Fenster, zog den Stoff beiseite und riss die Fensterflügel sperrangelweit auf. Heiße Luft schlug ihr entgegen.

Die Evenburg brannte lichterloh.

Barfuß und im Nachthemd verließ sie das Gästehaus und rannte hinaus in den Schlossgarten. Sie hörte Männerstimmen aufgeregte Befehle rufen. Erst jetzt bemerkte sie die herumhuschenden Schatten. Die Hunde im Zwinger schlugen fordernd an. Jemand stieß sie mit dem Ellbogen zur Seite. Charlotte strauchelte und fiel beinahe über zwei weinende Frauen. Endlich entdeckte sie Paul. Er kam direkt auf sie zu. Charlotte sah, dass seine Augen voller Angst waren.

„Die Kinder!", rief er, als er sie bemerkte. Seine Stimme überschlug sich.

Er wischte sich mit dem Handrücken über seine schweißnasse Stirn.

„Wir müssen die Kinder holen. Sie sind ganz alleine oben im Turmzimmer."

Er packte sie an der Schulter und schob sie eilig vor sich her hinüber zur Burg.

In diesem Augenblick sah Charlotte das fremde Kind.

Obwohl der Junge ihr den Rücken zukehrte, erkannte sie ihn sofort. Es war dieser schmale Junge, der seit ein paar Tagen immer dann im Schlossgarten herumlungerte, wenn sie die Kinder des Schlossherrn im Freien unterrichtete. Sie hatte ihn fortgejagt, aber er war immer wieder zurückgekommen.

Als dann während der Mittagsruhe das Lesebuch vom Teetisch verschwand, war Charlottes Geduld erschöpft. Sie war sicher, dass der Junge das Buch gestohlen hatte. Der Verwalter hatte den jungen Dieb ohne zu zögern mit seinen scharfen Hunden aus dem Schloss getrieben. In diesen Tagen konnte man einfach nicht vorsichtig genug sein.

Überall nistete sich Gesindel ein und stahl alles, was nicht niet- und nagelfest war. Bestimmt wollte der Junge das Lesebuch verhökern. Wenn er Glück hatte, bekam er dafür einen harten Kanten Brot. Aber kurz danach hatte Charlotte den Jungen lesend in der Blutbuche entdeckt. Diesmal hatte sie ihn nicht verraten. Aber die Hunde hatten seine Spur bereits gewittert. Der Junge konnte seine Haut nur retten, indem er in den Wassergraben sprang. Er paddelte hilflos darin herum und wäre wohl jämmerlich ertrunken. Schließlich erbarmte sich Charlotte und reichte ihm einen Stock, sodass er das Ufer erreichte. Kaum eines dieser Kinder konnte schwimmen. Das Lesebuch hatte er auf seiner überstürzten Flucht verloren. Charlotte hatte es aufgehoben und sorgfältig die Seiten geglättet, bevor sie es zu den anderen Schulbüchern zurückgelegt und ihre Arbeit weitergemacht hatte.

Irgendwie war der Junge ihr danach nicht mehr aus dem Kopf gegangen. Und nun hielt ausgerechnet dieser Junge eine brennende Fackel in der Hand. Er lief zielstrebig auf den verborgenen Spalt in der Schlossmauer zu, den Charlotte am Morgen entdeckt hatte. Nur zufällig war ihr die beschädigte Mauer aufgefallen, als sie den blühenden Oleanderstrauch bewundert hatte.

Plötzlich wandte sich der Junge um und drehte seinen Kopf nach oben.

Die Fackel erhellte sein Gesicht und Charlotte folgte seinem erwartungsvollen Blick hinauf zum Turmzimmer. In diesem Augenblick platzten die Fensterscheiben mit einem lauten Knall und das spitze Dach fiel in sich zusammen. Der Junge lächelte. Er warf seine Fackel achtlos ins Gras, bevor er sich geschickt wie ein Wiesel durch den Spalt davonmachte.

Charlotte schrie wie von Sinnen los. „Hier ist der Feuerteufel! Hier!"

Sie zeigte aufgeregt auf das Loch in der Mauer, aber niemand hörte auf sie.

Paul rannte ohne sie weiter Richtung Burg, während Charlotte einfach immer weiterschrie.

„Lotte! Sei still. Bitte, Lotte, jetzt wach doch endlich auf! Lotte. Verdammt!"

Paul packte sie an den Schultern und rüttelte sie heftig. Endlich schlug Charlotte die Augen auf und verstummte schlagartig. Eine Sekunde lang sah sie Paul angstvoll an. Dann stieß sie einen erleichterten Seufzer aus.

Ihr Blick fiel auf die Teetasse mit dem zarten ostfriesischen Rosen-Dekor. Seit sie mit nur einem winzigen Koffer bei Paul eingezogen war, hatte er es keinen Morgen versäumt, ihr Tee ans Bett zu bringen. Nicht nur das liebte sie an ihm. „Paul", sagte sie zärtlich.

Erst jetzt lockerte Paul seinen Griff. Er streichelte besorgt ihr heißes Gesicht. „Du machst mich echt fertig", sagte er und er klang dabei ziemlich brummig. „Wenn das so weitergeht mit dir, stürmt demnächst die GSG 9 die Evenburg. Dann bin ich meinen Job als Lehrer los, bevor er überhaupt angefangen hat."

Er zog die Mundwinkel schief, um ihr zu signalisieren, dass er nicht ernsthaft auf sie sauer war. Aber Charlotte wusste, dass Paul nicht vollkommen Unrecht hatte. In Wirklichkeit machte er sich einfach Sorgen um sie. Charlotte zog ihn zu sich auf das Bett und küsste ihn auffordernd. Sie liebten sich schnell und heftig. Genau nach so einem Mann hatte sie sich immer gesehnt. Paul war in jeder Hinsicht etwas ganz Besonderes. Was hatte sie nur für ein Glück!

Sie hatten sich in Berlin kennengelernt, gerade als Lotte als Vorleserin für ein Kreuzfahrtschiff angeheuert hatte. Wie immer hatte sie im Botanischen Garten auf ihrem Lieblingsplatz inmitten ihrer Lieblingsorchideen gesessen und einen Reiseführer über Kuba gelesen. Dort wollte sie die *Dendrophylax lindenii*, die amerikanische Geisterorchidee, eine ganz besonders seltene Spezies, endlich in ihrem natürlichen Lebensraum wachsen sehen.

Denn eigentlich war Charlotte Zierpflanzengärtnerin. Wegen eines albernen Missverständnisses war sie gerade ihren Job losgeworden. Dabei hatte sie die *Dendrophylax lindenii* einfach nur beschützen wollen. Allein aus diesem Grund hatte sie entschieden, die *Epipactis palustris* zu ertränken. Die *Epipactis palustris*, auch Echte Sumpfwurz genannt, hatte sich über die Maßen ausgebreitet und den anderen Pflanzen Lebensraum gestohlen, der ihr nicht zustand. Charlotte zögerte nicht.

Orchideen waren wie Kinder, so kam es ihr jedenfalls vor. Sie brauchten jede Menge Schutz und Liebe, aber sie mussten auch ihre Grenzen kennenlernen.

Das fand auch Paul. Sie waren sich überhaupt in so vielen Dingen einig.

Er machte zufällig eine Exkursion nach Berlin in den Botanischen Garten, als er Charlotte traf, denn er wollte Biologielehrer werden. Charlotte staunte, wie gut er sich mit ihren Orchideen auskannte.

Und als er ihr erzählte, dass er seine Lehrerausbildung in einem ostfriesischen Wasserschloss machte, von der beginnenden Restaurierung des historischen Schlossgartens erzählte und von dem blühenden Breitblättrigen Knabenkraut auf den saftigen Wiesen am Deich schwärmte, musste er Charlotte kaum überreden, ihre Südamerikapläne aufzugeben und ihm stattdessen in die Evenburg nach Leer zu folgen. Wer weiß. Vielleicht gelang es ihr sogar, die Geisterorchidee an den Ufern des Schlossgrabens anzusiedeln. Alles schien auf einmal möglich.

Paul wohnte im Gästehaus des Schlosses. Vor Jahren hatte sein Großvater als Gärtner dort gearbeitet und die Familien fühlten sich immer noch verbunden.

Nach dem Tod seiner Eltern hatte er in einer winzigen Studentenbude in Oldenburg gewohnt, bevor er in das Gartenhaus einzog. Schon als kleiner Junge fand er es höchst abenteuerlich, auf der Evenburg zu spielen. Er kannte jeden Winkel des Wasserschlosses. Aber am wohlsten fühlte er sich unter dem Dach. Dort existierte eine verborgene Kammer, die Paul sein Turmzimmer nannte. Er hatte sich oft darin versteckt, wenn sein Großvater nach ihm rief. Einmal war er sogar über Nacht geblieben. Diesen geheimen Ort zeigte er Charlotte zuerst, als sie gemeinsam das Schloss erkundeten.

Erst später hatte er herausgefunden, dass hier über Jahrzehnte das Spielzimmer der Kinder gewesen war, die auf der Evenburg aufwuchsen.

An den Wänden befanden sich verstaubte Bücher mit Goldbuchstaben auf den dicken Lederrücken, überall stolperte man über altes Spielzeug und sogar ein angefangenes Herbarium mit heimischen Orchideen lag auf der Fensterbank, das Charlotte am liebsten mitgenommen hätte. Sie wusste nicht, ob ihr die Fantasie einen Streich spielte, aber sie meinte plötzlich sogar das fröhliche Kinderlachen von damals zu hören. Dies war wirklich ein ganz besonders bezaubernder Ort.

Noch in der gleichen Nacht begann es. Es war immer derselbe Traum, der sie bis in die Morgenstunden verfolgte. Und er war einfach schrecklich. „Ich glaube nicht, dass es auf der Evenburg einmal so richtig heftig gebrannt hat", sagte Paul zweifelnd. „Jedenfalls hat mein Großvater mir nie davon erzählt. Früher gab es doch ständig irgendwo Feueralarm, schon allein wegen der offenen Kamine und Fackeln. Aber auf keinen Fall ist jemand dabei gestorben. Schon gar nicht irgendwelche Kinder. Das hätte doch total viel Wirbel gemacht."

Um Charlotte zu beruhigen, nahm er sie mit in die Bibliothek. Einen ganzen Nachmittag blätterten sie die Chronik aufmerksam durch, aber sie fanden nicht den kleinsten Hinweis auf so ein schreckliches Unglück.

Trotzdem gingen Charlottes böse Träume weiter. Nach einer Woche war ihre zarte Haut so blass wie die Blütenblätter der *Dendrophylax lindenii* selbst.

Paul wusste keinen Rat mehr. Unterrichtete er in der Schule, saß Charlotte im Schatten auf einer Bank in der Nähe des Wassergrabens und zeichnete Entwürfe für den neuen Park. Vielleicht hatte sie ja Glück und sie ergatterte einen Auftrag als Gärtnerin.

War viel Betrieb, half Charlotte im Schlosscafé aus und servierte einsamen Damen und gesprächigen Touristen Tee in dem hübschen Rosengeschirr.

Aber so oft wie möglich schlich sich Charlotte klammheimlich hinauf in das Turmzimmer. Wenn sie die Augen schloss, vernahm sie die Stimmen der Kinder jetzt klar und deutlich. Das ängstliche Weinen, das sich täglich lauter in den Vordergrund drängte, beunruhigte sie mehr, als sie sich eingestand. Paul erzählte sie davon lieber nichts.

„Ich habe meinen Freund bei der Zeitung angerufen", berichtete Paul eines Mittags. „Nichts, absolut nichts. Keine noch so klitzekleine Meldung über ein Feuer oder irgendwelche Verletzten. Lotte, du steigerst dich in etwas hinein, das es nicht gibt."

Charlotte hörte die Sorge in seiner Stimme und es tat ihr wirklich leid, dass sie ihm solchen Kummer bereitete.

„Morgen kommen endlich die Kinder", fuhr Paul fort und küsste sie liebevoll. „Vielleicht brauchst du einfach nur ein wenig Abwechslung. Ist doch ziemlich einsam in dem alten Kasten hier. Komm bloß nicht auf dumme Gedanken."

Charlotte lachte belustigt. „Du hast eigentlich Recht. Ich sollte mich ruhig mal genauer umschauen. Ich bekomme von allen am meisten Trinkgeld", sagte sie kokett und wurde sogar etwas rot. Dabei konnte ihm die Kundschaft des Schlosscafés ganz sicher nicht gefährlich werden. Aber eifersüchtig fand sie Paul ganz besonders anziehend. Trotz des Sonnenscheins blieben sie den ganzen Nachmittag im Zimmer.

In dieser Nacht schlief Charlotte zum ersten Mal gut. Paul war wirklich ein Zauberer. Er hatte die quälenden Geister endgültig vertrieben. Und gerade als Charlotte das Gefühl hatte, ihr Leben könnte gar nicht mehr schöner werden, wurde am frühen Morgen eine *Dendrophylax lindenii* geliefert.

Paul hatte weder Kosten noch Mühe gescheut, die Geisterorchidee für sie aufzutreiben.

Charlotte konnte sich nicht erinnern, jemals so glücklich gewesen zu sein.

Am Nachmittag erwarteten sie die Kinder. Sie stammten aus Familien, die sich aus unterschiedlichen Gründen nicht ausreichend kümmern konnten. Viele hatten Probleme in der Schule. Der zweiwöchige Förderunterricht auf der Evenburg sollte ihnen möglichst Spaß machen und dabei helfen, ihre schulischen Leistungen zu verbessern. Paul hatte sich für dieses Projekt besonders eingesetzt.

Charlotte war deshalb sehr stolz auf ihn.

Die Kinder kamen in einem Kleinbus und tröpfelten wie die Orgelpfeifen aus dem Fahrzeug, drei Mädchen und drei Jungen, zwischen sechs und elf Jahre alt. Als sie das schöne

Schloss erblickten, waren sie einfach nicht mehr zu halten.

Sie stürmten die Evenburg und untersuchten sogleich jeden noch so kleinen Winkel bis zum Turmzimmer. Jubelnd nahmen sie das Spielzeug in Besitz und winkten fröhlich aus dem Fenster.

„Einer fehlt aber noch", sagte Paul überrascht. „Keno." Er kletterte in den Bus und tauchte wenig später mit einem verheulten und zerzausten Winzling auf, der diesen ostfriesischen Häuptlingsnamen kaum verdient zu haben schien. „Charlotte, das ist Keno. Keno, gib Charlotte die Hand."

Charlotte blickte dem Kleinen aufmunternd ins Gesicht und erschrak im selben Augenblick beinahe zu Tode. Der Junge war der Brandstifter aus ihrem Traum, daran gab es überhaupt keinen Zweifel.

Keno versteckte seine Hand eilig auf dem Rücken. „Die haben mich geärgert. Ich will nicht hierbleiben", sagte er bockig und stieß seine Fußspitze in den weichen Rasen. „Na, das war wohl eher umgekehrt, Freundchen", mischte sich der Busfahrer ungefragt ein. „Das ist ein ganz schlimmer Finger, wenn Sie meine Meinung wissen wollen", sagte er und schaute abwechselnd Paul und Charlotte an. „Auf den halten Sie besser ein Auge. Ich kenne diese Sorte." Er startete den Motor und fuhr davon.

„Unsinn", erwiderte Paul ärgerlich. Er legte den Arm um Kenos Schulter und sagte freundlich: „Komm, wir suchen die anderen. Da oben im Turm ist ein ganz tolles Spielzimmer. Das wird dir bestimmt gefallen. Und unterwegs erzählst du mir, was vorhin passiert ist."

So vertraut, als ob er und Keno sich schon immer kennen würden, gingen sie zusammen in die Burg.

Charlotte blieb allein zurück. Sie hatte das Gefühl, vor Angst jeden Moment ohnmächtig zu werden.

Dieser Junge ist der Brandstifter, dieser Junge ist der Brandstifter, rotierte es in ihrem Kopf. Wenn wieder Kinder oben im Turmzimmer starben, war das allein seine Schuld. Aber diesmal war Charlotte fest entschlossen zu handeln, ehe ein Unglück passierte.

„Die anderen Kinder mögen Keno nicht“, sagte Paul bekümmert während des Abendbrots. „Selbst unter den Außenseitern gibt es immer Außenseiter.“ Sie saßen alle zusammen in dem großen Speisesaal, der sonst meistens leer stand. Auch ältere Kollegen von Paul waren gekommen und hatten ihm zur Begrüßung wohlwollend zugenickt. Es lief momentan wirklich alles großartig für Paul.

„Vielleicht gibt es ja einen Grund, dass sie Keno nicht mögen“, warf Charlotte vorsichtig ein. „Kinder haben oft einen guten Instinkt.“

Paul sah Charlotte überrascht an. „Was soll das denn heißen?“, fragte er.

Charlotte fiel es nicht leicht, Paul zu widersprechen. Aber einen Versuch musste sie einfach wagen. Zu groß war die Gefahr, die bereits über ihnen schwebte.

„Er hat der Kleinsten, Frauke, die Puppe weggenommen“, sagte sie mit fester Stimme. „Und diesem blonden Jungen, Tabbe, das Leberwurstbrot vom Teller gestohlen.“

Paul runzelte die Stirn. „Die Stoffpuppe ist aus dem Turmzimmer, das Spielzeug von dort gehört allen. Ist doch schön, wenn sich ein Junge auch mal für Puppen interessiert. Und Tabbe hatte drei Brote gegessen und Keno noch kein einziges. Wie albern, das als Diebstahl zu bezeichnen.“ Er schob den Stuhl nach hinten und stand entschlossen auf. „Ich hoffe, es gefällt euch hier“, rief er aufgeräumt. „Wenn der Wettergott morgen weiter so nett zu uns bleibt, können wir nach dem Unterricht ins Wasser hüpfen. Schließlich wohnen wir auf einem echten Wasserschloss.“ Die Kinder jubelten und trommelten zur Bekräftigung ihrer Freude mit den Holzbrettern auf dem Tisch herum. Nur Keno verzog keine Miene.

„Was ist los, Keno?“, fragte Paul verwundert. „Keine Lust auf Planschen?“

Keno antwortete nicht. Wortlos schnippte er mit dem Fingernagel Brotkrümel auf den Steinboden.

„Die Pappnase kann überhaupt nicht schwimmen“, sagte Frauke verächtlich. „Der ist ein Hosenscheißer.“

„Hosenscheißer, Hosenscheißer!“, brüllten die anderen Kinder begeistert los.

Keno stürzte sich auf Frauke und rammte seinen Kopf gegen ihr Gesicht. Ein dünnes Rinnsal Blut rann aus ihren Nasenlöchern.

Frauke heulte wie eine Sirene los. Charlotte rannte zu ihr hinüber und zog sie schützend an sich. „Gleich ist es wieder gut“, murmelte sie beschwichtigend. „Gleich ist es wieder gut. Niemand darf meinem kleinen Pflänzchen wehtun.“

Sie holte ein weißes Stofftaschentuch hervor und trocknete Fraukes Tränen.

„Aber Keno“, sagte Paul mit ruhiger Stimme. „Musst du immer gleich so wütend werden? Komm, ich habe eine Idee. Wir schauen uns noch ein wenig draußen im Garten um. Ich weiß einen Geheimgang in der Mauer, der wird dir bestimmt gefallen. Den kennt sonst niemand außer mir.“

Während Charlotte mit den Kindern in das Turmzimmer hinaufwanderte und mit ihnen die bunten Bilder eines sehr alten Märchenbuchs betrachtete, blieb Paul mit Keno im Garten. Aus dem Turmfenster beobachtete Charlotte, wie ausgelassen die beiden über die Wiese tobten. Sie hatte keine Ahnung, warum Paul ausgerechnet an diesem Jungen so einen Narren gefressen hatte. Darüber, dass er der Brandstifter war, konnte sie auf keinen Fall mit ihm reden. Das war ihr klar. Trotzdem musste sie so schnell wie möglich handeln, bevor ein neues Unglück geschah. Das war sie den anderen Kindern schuldig.

In dieser Nacht träumte sie gar nicht. Stattdessen lag sie hellwach in ihrem Bett und dachte darüber nach, was sie tun konnte, um Paul und die Kinder vor Keno zu beschützen.

Zuallererst räumte sie nach dem Aufstehen alle Streichhölzer weg. Danach die Messer. Gerade als sie die Gabeln hoch oben auf dem Küchenschrank verstaute, fragte Paul verwundert: „Verrätst du mir, was du damit bezweckst?" Sie hatte ihn draußen vermutet und deshalb fühlte sie sich im ersten Moment schrecklich ertappt. „Ach, nur ein dummes Spiel", sagte sie verlegen und wurde bereits bei dieser kleinen Lüge rot. Gleich als er die Küche verließ, legte sie alles wieder an seinen Platz zurück. Was sie tat, war wirklich total albern. Mit dieser Methode konnte sie das Unglück nicht verhindern. Es gab nur eine einzige Möglichkeit.

Es war ein herrlicher Sommertag.

Die Kinder hatten den ganzen Vormittag fleißig gelernt, bis ihre Köpfe rauchten, danach gab es Gemüsesuppe mit selbst gebackenem Weißbrot.

Paul hielt sein Versprechen.

Gleich nach der Mittagsruhe trieb er die ausgelassene Bande hinunter zum Wassergraben. In den Wochen zuvor hatte es heftig geregnet, und das Wasser stand ungewöhnlich hoch. Aber selbst Frauke tummelte sich so flink darin wie ein Fisch.

Keno hielt sich wieder einmal abseits. Paul winkte ihm aufmunternd zu und schließlich brachte er ihm sogar einen nagelneuen Fußball. Ab ob ihn der Ball nicht interessierte, kickte Keno ihn einfach unter die Blutbuche.

Das Schwimmen hatte die Kinder hungrig gemacht. Bis in den Garten roch es nach frisch gebackenem Kuchen. Frauke voran, stürmten die Kinder ins Haus.

Im letzten Moment schnappte sich Tabbe den Fußball und kickte ihn grinsend in den Wassergraben.

Es war wirklich ein Zufall gewesen, dass Charlotte gerade aus dem Fenster sah.

Keno balancierte auf der Umrandung des Wassergrabens und versuchte mit einem dünnen Stock, den Fußball an das Ufer zu treiben. Vermutlich bemerkte er sie erst, als sie hinter ihm stand und ihn stieß. Es überraschte sie dennoch, wie stumm und schnell er unterging. Der fremde Junge aus ihrem Traum hatte sich sehr viel länger über Wasser gehalten.

Charlotte ging eilig zurück ins Gartenhaus und holte ihren gepackten Koffer. Sogar die *Dendrophylax lindenii* hatte darin noch Platz gefunden. Sie wusste nun, dass das Ufer des Schlossgrabens doch nicht der richtige Ort für eine so empfindliche Geisterorchidee war.

Ihr Fahrrad ließ sie unverschlossen am Bahnhof stehen. Irgendjemand würde es sicher noch gebrauchen können. Sie schaute auf ihre Armbanduhr. Wenn der Zug nach Hamburg heute pünktlich war, würde sie das Schiff noch rechtzeitig erreichen.

Evenburg
Landkreis Leer

Die Evenburg im Leeraner Ortsteil Loga könnte heute leicht den Beinamen „Märchenschloss an der Leda“ tragen. Noch 1975 ergab sich für den Betrachter des umliegenden Parkgeländes ein gänzlich anderes Bild. Denn als der Landkreis Leer in diesem Jahr das Gebäude – nebst der Vorburg aus dem Jahre 1703 und dem dazugehörigen Meierhof und seiner Ländereien kaufte –, erschien der Schlossbau, seiner Türmchen und seines Zierrats beraubt, nur von schlichten Spitzdächern bekrönt. Ein Graf oder Fürst lebte schon lange

Die Evenburg in Leer-Loga erstrahlt nach aufwendigen Renovierungsarbeiten des Landkreises Leer heute im Glanz von 1862 (links). Der Park und das Schloss-Café laden zum Verweilen (oben).

nicht mehr in dem Gemäuer. Ursprünglich war das Wasserschloss vom ehrenwerten Oberst Erhard Freiherr von Ehrentreuter von Hofrieth (1596–1664), dem Kommandanten der Garnison der holländischen Generalstaaten in Emden, zwischen den Jahren 1642 und 1650 erbaut worden. Dieser benannte die Burg nach dem Vornamen seiner aus Böhmen stammenden Ehefrau Eva, geborene Freiin von Ungnad, die er 1631 geheiratet hatte. Die Lehnsrechte für Loga und das benachbarte Logabirum hatte von Ehrentreuter von Graf

Bis in die Turmspitzen ließ Carl Georg Graf von Wedel in den Jahren von 1860 bis 1862 die Evenburg im Stil der Neogotik umprägen.

Ulrich II. Cirksena von Ostfriesland als Gegenleistung für beträchtliche Spielschulden erhalten.

Die jüngste Tochter des Erbauers, Maria von Ehrentreuter (1633–1702), heiratete den aus Königsberg stammenden Gustav Wilhelm Freiherr von Wedel (1641–1717). Als späterer Feldmarschall des dänischen Königs Christian war der neue Herr auf der Evenburg auch Gouverneur des Oldenburger Landes. Mit einem beträchtlichen Vermögen ausgestattet, kaufte er 1684 die Grafschaft Jarlsberg bei Oslo in Norwegen dazu. Seitdem führen die von Wedels, deren Hauptwohnsitz Schloss Gödens bei Sande bildet, den Grafentitel. Ein Nachfahre, Carl Georg Graf von Wedel, ließ den mittlerweile recht maroden Vorgängerbau – ein klassizistisches Gebäude im niederländischen Stil – in den Jahren von 1860 bis 1862 gänzlich im neogotischen Stil um- und ausbauen. Dieser Baustil, der das Bild des Mittelalters idealisierte, hatte seinen Anfang um 1720 in Großbritannien (mit dem „Gothic Revival") und in Deutschland seine Blütezeit zwischen 1830 und 1900. Er war aber schon damals nicht unumstritten.

1932 verließen die letzten Bewohner, Haro Burchard Graf von Wedel und seine Frau Irene die Evenburg. Ab 1939 diente sie als Lehrerbildungsanstalt, ab 1945 als Lazarett und Unterkunft für Flüchtlinge. In den letzten Tagen des Zweiten Weltkriegs geriet das Anwesen in der „Herrlichkeit", also dem früheren adeligen Verwaltungsbezirk Loga, unter Beschuss und wurde schwer beschädigt. Wieder hergerichtet, wurde es als landwirtschaftliche Berufsschule genutzt.

Die Verhandlungspartnerin, Gräfin Erika von Wedel, machte 1975 beim Verkauf zur Bedingung, dass Land und Gebäude Bildungseinrichtungen oder kommunalen Zwecken dienen sollten, was ganz im Sinne des Landkreises Leer war. Nach der Übernahme erfolgte in den Jahren 1976 bis 1980 eine erste gründliche Sanierung. In das damals relativ schmucklose, aber gepflegte Gebäude zogen das Kreismedienzentrum, das Studienseminar für das Lehramt an Gymnasien und die Berufsakademie Ostfriesland ein, die in jüngster Vergangenheit auf andere Standorte verlegt wurden, um durch weitere Sanierungsmaßnahmen Erscheinungsbild und Glanz des Zustandes von 1862 wieder herzurichten, einschließlich eines Wandelgangs durch das Schloss.

Zukünftig sollen die Evenburg und ihr englisch geprägter Landschaftspark als kultureller Veranstaltungs- und Lernort und als „Zentrum für historische Gartenkultur" genutzt werden. Jeweils sonntags werden in der Urlaubssaison überdies Führungen angeboten. In der Vorburg findet bis heute die Kreismusikschule ihre Räumlichkeiten.

Der restaurierte Festsaal des Hauptgeschosses mit seiner reich geschmückten Decke und den mit Eichenblättern bemalten Wänden.

In der Eingangshalle treffen die schwarz-weißen Fliesen des Vorgängerbaus auf den granatapfelroten Säulenüberbau der Neogotik.

Burg Hinta

Silke Arends

Nun danket alle Gott

Jakobus strich verstohlen über sein Bein. Er spürte seine Finger durch den müden Stoff seiner Sonntagshose und tastete dem Verlauf der Bügelfalte nach. Wie an jedem frühen Sonntag hatte er den Stoff ausdauernd mit dem Bügeleisen malträtieren müssen, bis sein Beinkleid jene Form angenommen hatte, die ihm genügte – die, so hoffte er, jene Gewissenhaftigkeit augenfällig machte, die ihn als Kirchendiener auswies.

„Nun danket alle Gott“, intonierte der Organist und die wenigen Gemeindemitglieder, die sich in den langen Bankreihen verloren, stimmten ein. „Mit Herzen, Mund und Händen ...“, zitterte der kleine Chor aus älteren Damen und Herren, denen der sonntägliche Gottesdienst heilig und der Weg in die Kirche noch nicht zu beschwerlich war. „Der große Dinge tut, an uns und allen Enden ...“, sinnierte Jakobus. Sein Ende war heute. Gleich. Er erhob sich lautlos, so wie er es in all den Jahren getan hatte, wenn sein Dienst gefragt war. Mit den letzten Orgelklängen, dem „Jetzt und immerdar“, wollte er am Ausgang sein, die Tür öffnen. Die Pietät verbot es und sein lahmes Bein erlaubte es ihm nicht, zu eilen.

So wie es die Kirchgänger nicht eilig hatten, nach Hause zu kommen. Der Mai schickte ein mildes Lüftchen über das Gräberfeld auf der Kirchwarf und wärmte die greisen Gemüter, die auf dem Gehweg über Gott und ihre Welt räsonierten. Zu Hause wartete niemand auf die Sängerinnen und Sänger von eben. Auch nicht auf Jakobus, der heute ein letztes Mal die Kirche abschloss. Pastor Gedenk hatte ihn nach dem Gottesdienst zu sich nach Hause eingeladen, doch

Jakobus hatte dankend abgelehnt. Ihm war nicht danach, über das zu reden, was nun folgen sollte, weil er nicht wusste, was das war. Nicht nur sein Tagewerk, sein Amt als Küster war mit dem eben verklungenen Glockenschlag und jenem Knarzen beendet, das der alte Schlüssel im sperrigen Schloss der Kirchentür auslöste. „Jetzt und immerdar", murmelte Jakobus, strich über sein lahmes Bein und nahm den Pfad links die Kirchwarf hinunter. So wie er jetzt den Schlüssel bei seinem Nachfolger abgeben würde; der Kirchenrat hatte so entschieden. Doch zuvor würde er noch einmal nach Mutters Blumen sehen. Gestern hatte er, wie an jedem sechsten Tag der Woche, die Umrandung ihres Grabes geharkt. Heute früh hatte er – wie immer im Vorübergehen – den Blick über ihre Grabstelle schweifen lassen und sich vergewissert, dass alles beim Alten, dass alles wohlgeordnet sei.

Jakobus sah die Farben schon von weitem. Es war seiner Lähmung geschuldet, dass er seine Schritte nicht rascher voranbringen konnte. Sein Herz indes schlug im Nu einen anderen Rhythmus, strauchelte und brachte ihn in seiner Ungelenkheit zum Keuchen. Wie er sie hasste, diese körperliche Schmach. Dieses Mal, das ihn als Kranken brandmarkte. Zeitlebens hatte ihn diese längst vernarbte Verwundung verwundbar gemacht. Ein Gebinde mit Frühlingsblumen leuchtete auf dem Grab seiner Schwester; das zarte, weiße Schleifenband, das den Strauß zusammenhielt, wurde sanft vom Wind bewegt. Ein Blumengruß, der, so hatte es den Anschein, soeben erst von einem Liebenden gepflückt worden war. Im Überschwang der Gefühle, unprätentiös, so schön wie schlicht, so duftig wie betörend. „Immer mein Geschenk Gottes", las Jakobus auf der Schleife. Bogdan war da gewesen.

An jenem Tag, als seine Schwester gestorben war, hatte die Sonne wie im Hochsommer geschienen. Auf den Tag vor 50 Jahren. Es war Ende Mai und der Frühling war in jenem Jahr ungeduldig gewesen wie ein Kind, das es nicht abwarten konnte, laufen zu lernen. Es hatte den Anschein gehabt, als wolle der Mai, dass die Zeit ins Stolpern gerate, dass sie sich gar überschlagen solle. Nach langer Agonie war mit dem Krieg die Unfreiheit gestorben.

Anna war täglich früh auf die Burg gegangen. Sie hatte für die Herrschaften gekocht. Das hatte sie mit Stolz erfüllt, so wie Großmutter stolz auf sie gewesen wäre. Großmutter und Annas Mutter waren Wäscherinnen bei den von Freses gewesen. Und auch von Annas Urgroßmutter hieß es, dass sie dieser kräftezehrenden Tätigkeit nachgegangen war – damals, als Anna Friederike von Frese auf der Burg gelebt hatte. Großmutter hatte Anna täglich vor der Schule die blonden Zöpfe geflochten, um danach ihr pausbäckiges Gesicht in ihre schrundigen Hände zu nehmen und ihr durchdringend in die blauen Augen zu blicken. „Seeg tau, Anna, mien Wicht … mien Leev, dat ut di wat anners, dat ut di wat Beters word“, hatte die alte Frau ihr ans Herz gelegt und sie dann aus der Tür des Landarbeiterhäuschens geschoben.

Annas Mutter war in jenen Jahren beim Morgengrauen auf die Burg gegangen und erst spät zurückgekommen. Ohne gefragt worden zu sein, hatte sie die Mühsal ihrer Mutter übernommen, als diese dafür zu müde geworden war. Eine Fleißarbeit, die ein auf Jahre gesichertes, bescheidenes Auskommen bedeutete und wohl auch ein Privileg, über das nicht gesprochen wurde. Die von Freses residierten seit mehr als 440 Sommern und Wintern auf der Burg Hinta. Somit war die Geschichte der von Freses auch die des Ortes, war sie seit Generationen für die Frauen, Männer und Kinder im Dorf die Welt. Eine andere kannten sie nicht. Eine andere vermissten sie nicht.

Annas Großvater war im Krieg geblieben. Anna hatte nicht mehr über ihn gewusst, als dass er dort begraben war, wo eine Kirche stand – Dünkirchen, weit weg, an Frankreichs Nordsee. Oft hatte sie Großmutter gefragt, ob er Blumen auf seinem Grab habe und einen so schönen Leichenstein wie die selige Anna Friederike von Frese – einen Stein mit Wappen und Widmung. Seine verwitterten Worte „Wer sie als Gattin, Mutter und Freundin kannte, weis ihren Werth zu schätzen“ hatten Anna von jenem Tag an fasziniert, als sie erstmals den Sinn der Inschrift erfasst hatte. Doch Großmutter hatte Anna zugelächelt und ihr gesagt, dass am Ende vor Gott alle gleich seien.

Annas älterer und einziger Bruder, der in seinem Großvater allein den Helden gesehen hatte, hatte das Weite gesucht, wenn Großmutter so gesprochen hatte. Jakobus war in die Lehre beim Schmied Backer gegangen, abends hatte er sich lange mit anderen Jungen im Dorf herumgetrieben. „Hum fehlt de Vader“, hatte Großmutter gesagt, wenn sie mit Annas Mutter abends im Licht der wenigen Kerzen am Tisch gesessen und gestopft hatte. Anna hatte dann in ihrem Butzenbett gelegen, den Erzählungen der Großmutter gelauscht und vergebens auf ein Wort ihrer Mutter gehofft. Und auch Jakobus hatte sich über den Vater ausgeschwiegen, so wie er auch sonst kaum gesprochen hatte. Als Vater verschwunden war, hatte Jakobus sein erstes Jahr in der Schule beendet und Anna hatte an der Hand ihrer Großmutter ihre ersten Schritte getan.

Als Großmutter gestorben war, war Anna elf gewesen und alt genug, sich morgens selbst die Haare zu richten. Annas Mutter, die an jenem Novemberabend im Jahre 1927, als ihr Mann nicht mehr nach Hause gekommen war, aufgehört hatte zu lächeln, war mit dem Tod der Mutter in Depressionen versunken. Zwar hatte sie sich weiterhin zur Burg aufgemacht und sich dort im Nebel der Waschküche verdingt, doch ihren Kindern hatte sie nichts mehr geben können. Es war Anna, die in folgenden Jahren in der Kate der Großeltern für sich und ihren Bruder gesorgt hatte. Deutschland hatte sich in jener Zeit für einen neuen Krieg gerüstet und im Dorf hatten die Alten begonnen, zu schimpfen. Ihnen hatte ein neuerliches Verderben gedräut; ein Verhängnis, von dem die Jungen im Dorf nichts hatten wissen wollen.

Sie hatten von einem Soldatenleben anderswo geträumt, hatten sich an neuen Ufern gesehen mit heldenhaften Abzeichen, verehrt in der Heimat, wo man ihnen dereinst einen glorreichen Empfang mit Ehrenlaub bereiten würde. Die Volksempfänger hatten solchen Visionen von Tapferkeit und Vaterlandsstolz triumphale Worte gegeben, hatten die Gedanken derer infiziert, deren Auskommen in jenen mageren Jahren für wenig mehr reichte, als für ein Bier im Dorfkrug und lebenslange Bedeutungslosigkeit.

Anna hatte andere Träume gehabt. Und dann war jener Morgen angebrochen, an dem ihre Mutter das Bett nicht verlassen hatte; der Tag, an dem Anna 14 geworden war und ihre Mutter aufgehört hatte, aufzustehen. Jakobus hatte am Nachmittag zuvor in Uniform das Dorf verlassen. Deutschland war im Krieg. Er hatte mit dem ihm eigenen wortlosen Verlangen auf diesen Moment gewartet, hatte sich längst jenen Gang angeeignet, von dem er geglaubt hatte, dass man ihn schneidig nannte. Ein blonder, hochgewachsener junger Mann mit festem Blick und zumeist gerunzelter Stirn. Die Mädchen in Hinte hatten sich nach ihm umgeschaut, während Jakobus allein auf das Geräusch seiner Stiefelabsätze gehört hatte, die er über das Kopfsteinpflaster hatte knallen lassen.

Wenige Tage später war Anna erstmals auf die Burg gegangen, um fortan den Lebensunterhalt für sich und ihre Mutter zu verdienen. Es hatte sich rasch herumgesprochen, dass ihre Mutter mit dem Weggang des Sohnes nunmehr vollends in Schwermut versunken war, und schon war die alte

Zugehfrau Janssen zur Stelle gewesen. Sie hatte nach einem Mädchen gesucht, das für sie die täglichen Besorgungen bei den umliegenden Bauernhöfen erledigen und zugleich in der Küche zur Hand gehen sollte.

Burgherrin Theda von Frese hatte die alte Janssen in der Fürsprache für Anna bestärkt, denn abgesehen davon, dass Annas Familie seit Generationen mit der Burg verbunden war, hatte ihr das Mädchen leidgetan. Nie war aufgeklärt worden, warum Annas Vater, der für die von Freses als Kutscher gearbeitet hatte, seinerzeit über Nacht verschwunden war. Annas siechender Mutter hatten die von Freses eine kleine Pension zugesprochen, die fortan im Wesentlichen der Gemeindeschwester für die Pflege der Bettlägerigen zugefallen war.

Und Anna hatte ein Dienstbotenkleid bekommen und eine frisch gestärkte Schürze. Sie hatte sie mit Stolz getragen, wenn sie ihrer Mutter frühmorgens Tee in die Kammer gebracht und der des Lebens überdrüssigen Frau, die zumeist an die Balkendecke starrte, behutsam über das so früh ergraute Haar gestrichen hatte. Dann hatte sie sich auf den kurzen Weg durchs Dorf zur Burg gemacht, hatte die hölzerne Pforte geöffnet, die in die Burgallee führte, war am Park vorübergeeilt und von dort über die Brücke in den Innenhof. Stets hatte sie dabei auf die Dachreiterglocke der benachbarten Kirche gelauscht, denn mit dem ersten der morgendlichen sieben Schläge hatte sie ihren täglichen Dienst in der großen Burgküche zu beginnen.

Anna hatte ihr neues Leben genossen, wenngleich es viel Arbeit bedeutet hatte und von einer fortwährenden Sorge um die Mutter und den Bruder begleitet worden war. Aus den wenigen Briefen, die Jakobus geschrieben hatte, hatte ein Hochgefühl gesprochen, das Anna hatte erschaudern lassen. Zunächst war er nach Polen marschiert, später nach Russland – getragen von der Gewissheit, die Welt aus den

Angeln zu heben, das Recht auf seiner Seite wähnend. Annas Mutter indes hatte keine Regung gezeigt, wenn sie ihr Jakobus' Feldpost vorgelesen hatte – überhaupt hatte ihr jenseitiger Blick keine Hoffnung aufkommen lassen, dass sie jemals in das Leben zurückkehren würde.

Als Anna ihr 16. Lebensjahr vollendet hatte, war sie mehr und mehr in die Pflichten einer Köchin eingebunden worden, denn sie hatte sich als geschickt erwiesen und schien darin ihre Herausforderung zu sehen. Sie hatte gelernt, Fisch und Wild zuzubereiten und das Verfeinern von Speisen, sie hatte sich Menüabfolgen erklären und sich in die Geheimnisse der Kalten Küche einweisen lassen. „Dien Oma was stolt up di west", hatte die alte Zugehfrau Janssen die mittlerweile hochgewachsene, blond gelockte Anna gelobt; ein junges Mädchen, nach dem sich im Dorf die ersten Hälse verrenkt hatten.

Auch hatte Anna eine Seligkeit empfunden, die sie kaum je zuvor verspürt hatte. Die Herrschaften hatten zu Jagden und zu geselligen Abenden eingeladen, an denen auch musiziert worden war und dann, wenn sich wieder einmal eine Gesellschaft im Salon eingefunden hatte, war auch immer der Flügel erklungen und kaum einem war der ebenso mitreißende wie tröstliche Nachhall entgangen, den jene Musik in jenen unwägbaren Zeiten ausgeströmt hatte. Anna hatte solche Melodien nie zuvor gehört.

Obschon es sich abgezeichnet hatte, dass der Krieg länger währen würde, als seine hehren Sprecher es verkündet hatten, hatte sich das Dasein in der ostfriesischen Provinz beinahe so beschaulich gezeigt wie ehedem. Eine trügerische Idylle, denn die meisten Frauen hatten längst neben ihrer eigenen auch die Arbeit ihrer Männer übernommen. Kaum ein Familienvater oder junger Mann, der nicht zu den Waffen gerufen worden war. Kaum ein Haus, das von schlechten Nachrichten verschont geblieben war.

So denn auch das Haus derer von Frese. Einer der Söhne hatte seit 1943 in Russland als vermisst gegolten, 1945 war erneut der Verlust eines Sohnes zu beklagen gewesen, der in der Ukraine gekämpft hatte. Ein Jahr zuvor war Emden in Schutt und Asche gefallen und hatte die Hoffnung einstürzen lassen, dass die Region von Bomben verschont bleiben würde. So war der Staub der zerstörten Stadt auch über Hinte niedergegangen und hatte jedwede Zuversicht erstickt.

Das gesellschaftliche Leben auf der Burg war einem Miteinander gewichen, das dem Durchhaltewillen der Kriegstreiber geschuldet war. Überdies hatte das Wüten der Welt in Hinte Gesichter hervorgebracht, die den strategischen Wahnwitz der vergangenen Jahre offenbart hatten: ausgemergelte Gestalten, die in der sogenannten Ziegelei gehaust hatten. Polen, Franzosen und Ukrainer, die sich unter Bewachung in der Umgebung hatten nützlich machen müssen. Frühmorgens und spätabends war die zerlumpte Schar an der Burg vorbeizogen.

Für Anna hatte das geheißen, dass sie einige Brote mehr in den Ofen geschoben oder mehr Kartoffeln als nötig gekocht hatte, um den Gefangenen Essbares zukommen zu lassen. Die Burgherrin hatte sie dazu angehalten, dort im Dorf mit Lebensmitteln auszuhelfen, wo die Not am größten gewesen war – und Anna hatte keine Unterschiede gemacht. Wenn sie im Schutz der Dunkelheit den Korb mit Brot am Ausgang der Vorburg deponiert hatte, war sie zumeist auf Bogdan gestoßen, der im Schutz der Bäume auf sie gewartet hatte.

Und dann war es Frühling geworden – der sechste unter der Hissfahne des Krieges. Jakobus war Ende März zurückgekehrt. Dekoriert und für sein Leben gezeichnet. Seine schwere Verwundung hatte er im Lazarett ausgeheilt; inmitten von Schreienden und Sterbenden, die mitsamt seinem Glauben an den Sieg mit jedem neuen Morgen weniger geworden waren. Die Familie von Frese hatte ihm eine kleine Kammer in der Vorburg zugewiesen, denn er hatte sich angeboten, seine Fertigkeiten als Schmied einzusetzen – zu tun hatte es genug gegeben und er, dem man attestiert hatte, dass er „nicht mehr kriegsverwendungsfähig" sei, hatte sich entschlossen, sein lahmes Bein zu ignorieren.

Seine Schwester Anna war erwachsen geworden, seine Mutter hatte ihn nicht erkannt. Das Foto auf ihrem Nachttisch hatte ihn und Anna mit Kinderlachen gezeigt – eine verblichene Aufnahme aus jener Zeit, als sie sich vergessen und ihren Sohn und ihre Tochter sich selbst überlassen hatte. Im Dorf hatten die Alten Jakobus in den ersten Tagen nach seiner Rückkehr auf die Schulter geklopft, dann waren alle ihrem Alltag nachgegangen; einem Alltag, in dem man sich dem Krieg ergeben und friedsamer Fatalismus die Oberhand gewonnen hatte.

Es hatte nicht lange gedauert, bis Jakobus Anna abends erstmals auf der Vorburg entdeckt hatte. Er hatte im Schatten des Taubenhauses gesessen, als sie mit einem Korb in der Hand vorübergegangen war. Wenige Augenblicke später war sie denselben Weg wieder zurückgelaufen, ohne ihn gesehen zu haben. Jakobus war im Nu auf den Beinen gewesen. Er war die Vorburg hinuntergelaufen und hatte einen Mann die Straße herunterteilen gesehen, der einige Brotlaibe unter den Armen getragen hatte. Diese Heimlichkeiten hatten sich am folgenden Abend wiederholt und auch am darauf folgenden.

Anna hatte auf diese Momente am Abend nicht verzichten gemocht. Dem jungen Ukrainer war es ähnlich ergangen und so waren aus verstohlenen Augenblicken Begegnungen geworden, die sie die schwelende Furcht, verraten zu werden, nahezu vergessen ließen. Bogdan hatte Anna von zu Hause erzählt und Anna ihm von ihrem Leben auf der Burg. Und sie hatte in Erinnerungen geschwelgt an jene Abende, die ihr Herz bewegt hatten – dann, wenn bei Gesellschaften musiziert worden war, wenn die Klänge des Flügels das alte Gemäuer belebt hatten.

Dann war der Mai gekommen und mit ihm die Wärme, die über Nacht die Bäume begrünt hatte. Am 8. des Monats war der Krieg zu Ende gewesen. Die Leute im Dorf hatten die Fenster geöffnet und im Gefangenenlager „Ziegelei“ hatte sich ein Wechsel vollzogen. Aus Wachpersonal waren Internierte geworden; diejenigen, die zuvor hinter Stacheldraht hatten leben müssen, waren in Freiheit.

Bogdan war geblieben. Er hatte Tagelohn und Unterschlupf bei einem Bauern gefunden, dessen Söhne nicht heimgekehrt waren. Die Abende hatte er nun mit Anna verbracht, ohne dass beide ihre Freundschaft, ihre Zuneigung hatten verbergen müssen. Hatte Anna ihren Dienst in der Küche beendet, so hatten sie sich am Burggraben getroffen oder auf einer der morschen Bänke im Park, in dem die Natur aufgeblüht war und süßen Duft verströmt hatte.

Auch die Fenster der Burg waren an jenen Tagen und Abenden weit geöffnet worden – und hatten Melodien preisgegeben, die Anna und Bogdan berührt hatten. Ein junger Soldat aus Schlesien, der im britischen Lager interniert gewesen war, hatte nicht nur sonntäglich die Orgel der Kirche von Hinte gespielt, sondern war indessen bei denen von Frese untergekommen und hatte viele Stunden am Flügel verbracht. Eine Sondererlaubnis hatte ihm dazu verholfen.

Bogdan, der die Namen der Komponisten gewusst hatte, deren Werken Kurt Masur an diesen Abenden Leben eingehaucht hatte, war Anna wie entrückt erschienen. „Beethoven“, „Chopin“, „Schumann“ oder „Tschaikowski“, hatte er Anna lächelnd ins Ohr geflüstert – und Anna hatte gewagt zu träumen. „Musik ist ein Geschenk Gottes“ hatte sie ihm am letzten ihrer gemeinsamen Abende gesagt und er hatte ihr schmunzelnd bedeutet, dass sein Name, dass „Bogdan“ im Slawischen „Geschenk Gottes“ heiße.

Das war jener Moment gewesen, als Anna ihn zum ersten Mal auf die Wange geküsst und Kurt Masur begonnen hatte, „Nun danket alle Gott“ anzustimmen. So wie allabendlich, bevor der junge Musiker, der später zu Weltruhm gelangen sollte, den Flügeldeckel geschlossen hatte.

Und dann hatte Anna gehen müssen. Es war längst dunkel geworden und da das Feuer in der Küche in jener Zeit in ihre Obhut fiel, war es an ihr gewesen, die Glut für den kommenden Morgen am Leben zu erhalten. Bogdan, der sie für gewöhnlich nach Hause begleitete, hatte auf ihre Rückkehr gewartet. Als Anna die dunkle Burgbrücke betreten hatte, war sie auf ihren Bruder gestoßen, der mit gesenkten Schultern am Geländer gelehnt hatte und zu weinen schien. Zaghaft hatte sie ihren Arm um ihn gelegt, doch er hatte sie brüsk von sich gestoßen.

Anna hatte sich abgewendet und noch bevor sie das Burgtor erreicht hatte, hatte sich eine Drahtschlinge um ihren Hals gelegt. Jakobus hatte zugezogen – seelenlos, so wie er schon manchen in Uniform getötet hatte. Dann hatte er den warmen Körper seiner Schwester in den Burggraben gleiten lassen. Allein ein paar Enten hatten Anteil genommen und schweigend ihre Bahnen gezogen.

Bogdan hatte Anna im trüben Wasser der Graft aufgefunden, weil sie ausgeblieben war und er nach ihr hatte sehen wollen. Ihr geschundener Hals legte ihm bloß, dass sein Weg in die ungewisse Heimat zugleich sein einziger Weg war. Jakobus, das Dorf, alle würden ihn, den Fremden, den mithin Verdächtigen suchen.

Jakobus keuchte. Er rang mit sich, bis vor das Grab seiner Schwester zu treten, vor dessen zerfurchtem Sandstein erstmals Blüten leuchteten. 50 Jahre waren über das Land gegangen, hatten Annas Namen und seine Angst vor Entdeckung verwischt. Bis eben, als der Chor der Alten den

Choral gesungen hatte, bis Bogdan da gewesen war. Jakobus strich verstohlen über sein Bein. Er spürte seine Finger durch den müden Stoff seiner Sonntagshose und tastete dem Verlauf der Bügelfalte nach. „Jetzt und immerdar“. Den Schlüssel für das Eisengitter zum Glockenturm trug er am Bund; er hing von jeher am Bund des Küsters, dessen Zeit gekommen war.

Als der hagere, alte Körper des Kirchendieners durch das obere Schallloch kippte und sich das Seil um seinen Hals straffte, stieg Bogdan in Emden in den Zug. Oft hatte er in Gedanken Blumen für Anna gepflückt, hatte für sie Klavier gespielt und dann hatte Gorbatschow die Freiheit proklamiert und er war gefahren. Es war das Jahr 1995. Wer Anna getötet hatte, wusste er nicht. Und er wollte es nicht wissen, nicht mehr wissen. Für ihn blieb sie immer ein Geschenk Gottes.

Epilog

„Nun danket alle Gott“ ist der Titel eines evangelischen Chorals von Martin Rinckart (1586–1649), den Rinckart anno 1630 zur Hundertjahrfeier der „Augsburger Konfession“ verfasste. Berühmt wurde das Kirchenlied durch die „Schlacht von Leuthen“: Nachdem die preußische Armee unter Friedrich II. am 5. Dezember 1757 – während des Siebenjährigen Krieges – in der Nähe des niederschlesischen Ortes Leuthen über die Österreicher gesiegt hatte, sollen 25 000 preußische Soldaten spontan „Nun danket alle Gott“ angestimmt haben. So avancierte der Choral zur vaterländischen Hymne. Er wurde ebenso im Oktober 1955 im Lager Friedland gesungen, als die letzten deutschen Kriegsgefangenen aus der Sowjetunion in ihre Heimat zurückkehrten.

Burg Hinta
Landkreis Aurich

Die Ortschaft Hinte wird als Ansiedlung erstmals um das Jahr 1000 erwähnt – seinerzeit als „Hinuti“. Ursprünglich gab es hier zwei Burgen – die Wester- und die Osterburg. Die Westerburg wurde im Jahre 1436 durch die Hanse zerstört. Ein Übergriff, der darauf zurückzuführen ist, dass die ostfriesischen Häuptlinge und Städte mit den Seeräubern paktierten. Auf den Fundamenten der Osterburg wurde später die Burg Hinta errichtet. Sie bildet mit der Vorburg, dem Burgpark und der benachbarten ehemaligen Propsteikirche

Schönes Ensemble: Die vierflügelige Burg, die zwei Gulfhöfe und das Taubenhaus auf der Vorburg sowie die Kirche und ihr Glockenturm (links). Zwei Löwen „bewachen" die Brücke zum Burgtor (oben).

St. Martinus aus dem 15. Jahrhundert ein eindrucksvolles und für Ostfriesland einmaliges Ensemble. Zugleich bekunden Burg und Pfarrkirche – unmittelbar nebeneinander gelegen – den engen Zusammenhang von Propstei und Häuptlingsamt im Mittelalter.

Ende des 13. Jahrhunderts war die Osterburg als klassisch gotisches Bauwerk von Propsthäuptlingen errichtet worden. Der älteste Teil der Niederungsburg ist ein eingeschossiges Steinhaus mit einem an der Südseite erhalten gebliebenen

Auf der schmiedeeisernen Laterne findet sich das Wappen der von Freses ebenso wie über dem Eingangsportal im Burg-Innenhof.

Treppengiebel, das die Häuptlinge Aild Allena († 1482) und Frederik Allena († 1527) erbauen ließen.

Während der Emder Revolution im Jahre 1595, in deren Verlauf die Bürger den regierenden Grafen Edzard II. aus der Seehafenstadt vertrieben, besetzten Emder Truppen die Burg. Gräfliche Truppen eroberten die Anlage später gewaltsam zurück. Die Osterburg selbst blieb dabei aber von wesentlichen Zerstörungen verschont. Im Jahre 1704 wurde das Burgtor hinzugefügt, im 18. und 19. Jahrhundert erhielt die Burg durch weitere Umbauten, die der Vereinheitlichung dienen sollten, ihr heutiges Äußeres. Seit dieser Zeit ist Burg Hinta als Vierflügelanlage mit großem Innenhof angelegt und von einem breiten Wassergraben umgeben.

Nach dem Tode des letzten Allena erbte 1527 dessen Nichte Etta von Oldersum, die mit Omko Freiherr von Ripperda zu Farmsum verheiratet war, die Burg Hinta. Ihre Nachfolge trat Sohn Frederik († 1554) an und schließlich Enkel Omko II. Freiherr von Ripperda (1553–1564). Seit 1567 befindet sich die Burg in Privatbesitz der Familie von Frese und kann nur von außen besichtigt werden.

Über eine hölzerne Brücke gelangt man über die umschließende Graft zum Portal der Hauptburg. Wenn der heutige Besitzer Mauritz von Frese doch einmal Besuchergruppen empfängt, weiß er im Burginneren von vielen kulturhistorischen Schätzen zu berichten. Eine Rarität ist beispielsweise die Papiertapete aus dem Jahre 1840, die die Wände des Rittersaales mit prächtigen Ornamenten schmückt. Zum Nachlass der Vorfahren gehört auch ein langes Schwert, das einen Platz über dem Kamin gefunden hat. Es gehörte einst Victor Frese, einem Adeligen aus der Grafschaft Hoya, der am Oldenburger Hof den ostfriesischen Grafen Edzard I. Cirksena kennenlernte und von diesem anno 1488 als Drost und politischer Berater nach Ostfriesland geholt wurde.

Zum historischen Erscheinungsbild des Anwesens gehört auch ein stattliches Taubenhaus, das sich inmitten der Vorburg befindet – es hat seinen Platz zwischen zwei Gulfhöfen. Ein solches Taubenhaus wurde in früheren Zeiten allein Großgrundbesitzern als verbrieftes Grundbuchrecht zugestanden.

In der benachbarten reformierten Kirche kann man neben vielen gut erhaltenen und reich verzierten Grabplatten das Wandgrab des jung verstorbenen Omko II. Ripperda entdecken. Diese aufwendige Steinmetzarbeit zeigt den Knaben ohne Beine, die er, so heißt es, bei einem Kutschunfall verlor und seinen Verletzungen letztlich erlag. Doch im Himmel – so die Symbolik der Darstellung über dem Sarkophag – werde der junge Häuptling wieder selbst voranschreiten.

Die backsteinerne Burg ist von einer Graft umgeben, auf der sich das ganze Jahr über Enten tummeln.

Historisches Relikt: Reich an Ornamenten ist die Tapete, mit der die Wände des Rittersaales von Burg Hinta ausgestattet sind.

Manningaburg

Bernd Flessner

Nach Aktenlage

Greven ließ seinen Blick durch den Zeremonienraum wandern. Die Deckenbalken, die graublaue Wandvertäfelung, der Kronleuchter, das Gemälde an der Wand, die Stühle für das Paar und die Trauzeugen, der alles entscheidende Tisch samt Blumendekoration. Ein Raum, der bürgerliche Geborgenheit und Zuversicht ausstrahlen sollte. Ein amtlicher Raum, in dem Gefühltes, Erhofftes und Gewolltes in Säkulares und Vertragliches umgesetzt wurde.

Greven hatte nie geheiratet. Auch hatte er ein Trauzimmer bisher nur einmal betreten, nämlich als Trauzeuge für einen Kollegen vom Raubdezernat, der auf seine Mitwirkung bei dem Ritual bestanden hatte. Die Ehe hatte immerhin mehrere Jahre gehalten. Es war ein nüchterner Raum gewesen, ein Zimmer in einem modernen Rathaus mit einem kalten, austauschbaren Interieur, eine Art Abfertigungshalle für Lebensabschnitte. Nicht zu vergleichen mit dem Trauzimmer in der Manningaburg, das nicht Rationalität, sondern Tradition ausstrahlte.

Im Burgsaal, der gerne als „historischer Burgsaal" bezeichnet wurde, ganz so, als gäbe es noch einen zweiten Burgsaal ohne Geschichte, hätte nach der Zeremonie ein Empfang stattfinden sollen. Die Tische waren eingedeckt, das kalte Büfett bereits aufgebaut, die Sektgläser einsatzbereit. Hinter einem Tresen warteten ratlos fünf uniformierte Mundschenke mit gut gekühlten Flaschen. Lediglich die Gäste fehlten.

Nur ein paar Meter entfernt unterhielt sich der Hausmeister mit zwei Verwaltungsangestellten, wobei sich kritische Blicke und Fingerzeige immer wieder auf Greven richteten. Der Hausmeister hatte sich bereits bei ihm über die Entscheidung beschwert, das gesamte Personal und die Hochzeitsgesellschaft in der Burg festzusetzen.

Das Brautpaar saß in der Nähe der Tür, umgeben von den Eltern der Braut, die heulte wie ein Schlosshund, und einem befreundeten Pärchen des Bräutigams, der vergeblich versuchte, seine zukünftige Frau zu trösten. Doch der sprichwörtliche, immer wieder beschworene und mystisch verklärte, schönste Tag des Lebens war nicht mehr zu retten. Eine Frauenleiche war im letzten Augenblick im Burggraben aufgetaucht und hatte so die Zeremonie platzen lassen, bevor sie überhaupt begonnen hatte.

Greven betrachtete die Braut, die ein außergewöhnliches Hochzeitskleid trug, das er als sehr teuer einstufte. Der cremefarbene Stoff fiel faltenfrei, der Schnitt war asymmetrisch und tailliert. Kein Kleid von der Stange, dazu passte es der schlanken, dunkelhaarigen Frau zu perfekt. Eine schöne Braut mit einem zarten Gesicht, auch wenn ihr Make-up längst verlaufen war.

Der Bräutigam hatte sich für einen Smoking entschieden, den unverwüstlichen Klassiker, selbstverständlich mit Fliege, aber ohne Einstecktuch. Auch ihm passte das Outfit wie auf den Leib geschneidert. Der Smoking ergänzte die schon leicht ergrauten Haare, den Dreitagebart und die dunklen Augen zu einem charismatischen Mann, der Selbstbewusstsein und Selbstsicherheit ausstrahlte. Er war älter als die Braut, vielleicht Ende dreißig, während Greven die Weinende auf Ende zwanzig schätzte.

Wie das Paar erweckten auch die Eltern der Braut sowie die Freunde den Eindruck, aus gehobenen bürgerlichen Kreisen zu stammen. Ihre Jacketts und Kleider waren keine selten eingesetzten Kostüme, in denen sie sich unbeholfen und unsicher bewegten. Im Gegensatz zu Greven waren sie es offensichtlich gewohnt, in schwarzen und weißen Edelstoffen eine gute Figur abzugeben.

Eine weniger gute Figur machte die Leiche, die auf dem Grün des Uferstreifens zwischen Burg und Burggraben lag, umringt von Männern in weißen Overalls. Dr. Behrends hatte ihm unter den üblichen Vorbehalten erklärt, die Frau, Alter zwischen fünfunddreißig und vierzig, habe vermutlich einen Schlag auf den Kopf erhalten und sei dann ins Wasser befördert worden. Die genaue Todesursache könne natürlich erst die Obduktion ergeben. Aber die Wunde auf dem Kopf rühre nicht von einem Unfall her, etwa einem Sturz, sondern von einem stumpfen Gegenstand.

Rund um die Burg waren Grevens Mitarbeiter im Einsatz und befragten weiterhin Passanten und Anwohner. Bislang ohne Ergebnis. Da ihm Dr. Behrends 10 Uhr als ungefähren Todeszeitpunkt genannt hatte, kam für Greven als Tatort fast nur die Burg in Frage. Auf dem Parkplatz vor der Burg, der Burgstraße, dem Drostenplatz, der Cirksenastraße war einfach zu viel Betrieb gewesen an diesem sonnigen Samstag im Mai. Trotz der Bäume war das Gelände um die nicht sehr große Burganlage gut einsehbar. Den bislang Befragten war kein verdächtiges Fahrzeug und kein Flüchtender aufgefallen, kein Körper war vom Parkplatz zum Burggraben geschleift worden, kein Schrei zu hören gewesen.

Greven hielt auf den Standesbeamten zu, der ebenfalls im Burgsaal wartete: „Ich weiß, Sie haben meinem Kollegen schon alles erzählt, aber ich würde es gerne noch einmal hören. Wann haben Sie das Trauzimmer betreten?“

„Um kurz nach neun“, antwortete Helmut Claasen, der grauhaarige und hoch gewachsene Zeremonienmeister. Ein Mann in Grevens Alter, dem die Erfahrung im Schließen von Ehen anzumerken war. Ein Mann, der Korrektheit und Amtlichkeit verkörperte und der jederzeit in einem englischen Film als loyaler und bescheidener Butler hätte auftreten können. Die Gemeinde hatte die Rolle perfekt besetzt.

„Warum so früh?“

„Das Brautpaar erwartet ein sauberes Trauzimmer, frische Blumen und vollständige Papiere. Und bei mir gibt es keine Pannen. Lieber schaue ich persönlich unter jeden Stuhl und sehe alles noch einmal durch. Sogar den Füller prüfe ich eigenhändig. Wie gesagt, bei mir gibt es keine Pannen."

„Bis auf den heutigen Tag."

„Aber das ist nicht meine Schuld", verteidigte sich der Standesbeamte.

„Wie haben Sie die Leiche entdeckt?"

„Die Luft im Zimmer kam mir ein bisschen muffig vor und ich wollte noch schnell eines der Fenster öffnen. Da habe ich sie gesehen. Mit ausgebreiteten Armen trieb sie im Burggraben, den Kopf nach unten. Völlig bewegungslos. Ein entsetzlicher Anblick."

„Was haben Sie dann gemacht?"

„Ich bin zuerst nach unten gelaufen, zum Graben, konnte sie aber nicht erreichen. Wie sie da so trieb, war für mich klar, dass sie nicht mehr am Leben war. Wer so im Wasser liegt, mit Entengrütze auf dem Kopf, der ist tot. Ich habe dann eine Harke geholt und sie damit ans Ufer gezogen. Die zwei Männer, die Ihre Leute ja auch schon befragt haben, die haben mir dann geholfen, sie an Land zu ziehen. Einer hat es noch mit Mund-zu-Mund-Beatmung versucht, aber es war schon zu spät. Das habe ich gleich gesehen. Die war längst tot."

„Und sie ist Ihnen völlig unbekannt?"

„Ja. Die habe ich noch nie gesehen. Aus Pewsum ist die nicht. Eine Touristin, sag ich Ihnen. Sie brauchen sich bloß ihr Kleid anzusehen. Die wollte die Burg besichtigen, hat nicht aufgepasst und ist in den Graben gefallen. Das war kein Mord. Warum sollte denn jemand eine harmlose Touristin ermorden? Am helllichten Tag mitten in Pewsum?"

„Das werden wir schon herausfinden", brummte Greven. „Wer ist hier eigentlich morgens der Erste? Ich meine, wer schließt auf?"

„Hini, unser Hausmeister. Also Hinrich Warden, der Mann da hinten in dem grauen Lagermantel. Den hat er immer an. Auch, wenn eine Trauung ist. Wie oft habe ich ihn schon gebeten, wenigstens eine schwarze Jacke zu tragen. Er lässt morgens die Reinigungskräfte und die Leute vom Party-Service rein. Manchmal kommt auch ein Comedian oder ein Fotograf oder Kameramann, der sein Zeug aufbaut."

„Es sind also an so einem Tag eine Menge Leute in der Burg", dachte Greven laut und erhielt ein zurückhaltendes Nicken als Antwort. „Und die wenigsten kennen sich."

Wieder nickte der Standesbeamte.

„Eine Touristin, wie Sie sagen, die sich in die Burg verirrt, fällt also gar nicht auf."

„Nein", sagte Claasen. „Sie könnte die Assistentin des Fotografen sein oder zur Familie gehören. Manchmal bereiten Verwandte oder Freunde einen Sketch vor. Aber die sind selten gut, sage ich Ihnen."

„Und da jeder mit sich und seinen Aufgaben beschäftigt ist", setzte Greven den Gedanken fort, „sind die Aussagen unserer Zeugen nur von bedingtem Wert. Ich danke Ihnen, das reicht mir vorläufig."

Greven wanderte durch den Saal und spielte mit Tatbausteinen, die er immer wieder neu zusammensetzte und immer wieder umwarf. Wie einen Turm aus Bauklötzen. Mehrere Steine hatte er bereits aussortiert. Während auf dem Parkplatz weitere Gäste und die ersten Journalisten eintrafen, führte Greven zwei Telefonate, um neue Steine zu erhalten.

Die Handtasche der Toten war auf dem Uferstreifen unterhalb eines Fensters gefunden worden. Papiere oder Kreditkarten, die eine schnelle Identifizierung ermöglicht hätten, fehlten jedoch. Dafür war sein Kollege Peter Häring im Souterrain der Tasche auf einen zerknüllten Kassenbon gestoßen, der das Datum vom 19. April trug. Die Frau hatte sich offenbar einen Lippenstift gekauft, ein dunkles Rot von Chanel. In Des Moines.

„Moin ist doch keine Stadt!“, maulte Greven. „Nicht einmal in Ostfriesland.“

„Doch. Des Moines ist die Hauptstadt von Iowa“, entgegnete Häring.

„Eine Amerikanerin?“

„Das wäre durchaus möglich“, antwortete sein Kollege, der in Stil- und Modefragen über beachtliche Grundkenntnisse verfügte. „Das bunte Kleid, die High Heels, die grüne Tasche. Ja, sie könnte Amerikanerin sein. Vielleicht eine Iowa-Ostfriesin? Auf der Suche nach ostfriesischen Verwandten? Das kommt in den letzten Jahren immer öfter vor. Back to the roots.“

„Dann haben wir ein echtes Problem. Wenn wir die Papiere nicht finden, wird es sehr schwer, sie zu identifizieren. Die USA haben keine Meldepflicht. Selbst wenn wir ihren Namen wüssten, wäre das keine Garantie. Nicht einmal ihre DNA würde uns weiterbringen. Noch dazu sind seit dem 19. April so viele Amerikaner nach Europa eingereist, dass auch die Überprüfung der Passagierlisten einer Sisyphus-Aufgabe gleicht. Bleibt nur ihre Unterkunft, aber wenn wir da nur einen Koffer voller Klamotten finden, sehe ich schwarz.“

„Wir brauchen Taucher“, schlug Häring vor. „Vielleicht finden sie die Papiere. Der Burggraben ist kein großes Gewässer.“

„Gut“, stimmte Greven zu. „Fordere zwei Taucher an. Und sucht noch mal das ganze Gelände ab. Aber ich glaube nicht, dass wir die Papiere finden werden. Die wurden nämlich aus der Tasche genommen, damit wir genau dieses Problem haben, vor dem wir jetzt stehen. Außerdem schwimmen Plastikkarten und Flugtickets.“

„Aber warum hat der Täter überhaupt die Tasche zurückgelassen? Warum hat er sich die Mühe gemacht, die Papiere herauszuholen, anstatt die Tasche einfach verschwinden zu lassen?“

„Das, lieber Peter, ist eine wirklich gute Frage“, raunte Greven in sein Handy und verließ den historischen Burgsaal. Er musste einen neuen Turm bauen. Neue Steine hatte er jedenfalls.

Mit schnellen Schritten kehrte er ins Trauzimmer zurück, um seinen Rundgang zu wiederholen. Nichts war verändert worden. Die Eheurkunde mit den eingetragenen Namen und Geburtsdaten lag noch immer jungfräulich auf dem Tisch, die Stühle warteten auf die Probanden, die Zeugen und den Standesbeamten. Die Fenster waren geschlossen, auf den Fensterbänken standen giftige Topfpflanzen. Jedes Ding war an seinem zugewiesenen Platz. Ein Kampf hatte hier nicht stattgefunden.

Greven schaute kurz aus dem Fenster, um sich zu orientieren, ging in den Nachbarraum und sah dort erneut aus dem Fenster. Nach zwei weiteren Versuchen verlangsamten sich seine Bewegungen. Ein kleiner Raum, dessen Zweck nicht auf Anhieb zu erkennen war. Zwei Schränke, ein kleiner Tisch, zwei Stühle, ein barockes Portrait und zwei Zinnteller bildeten die Ausstattung. Greven trat ans Fenster. Unter ihm erforschte die Spurensicherung das Grün und die spärliche Ufervegetation. Hier war die Handtasche gefunden worden.

Wenige Blicke reichten aus, um festzustellen, dass der überzeugte Standesbeamte diesen Raum nicht regelmäßig inspizierte. Im Gegenlicht räkelte sich Staub auf dem kleinen Tisch aus dunklem Kirschholz. Aber nicht überall. Deutlich konnte Greven Eingriffe in die Staubschicht erkennen, die von menschlichen Händen herrührten. Trotz seines kaputten und schmerzenden Knies begab er sich mit größter Vorsicht unter den Tisch. Vier kaum sichtbare Aussparungen auf dem Holzboden. Hier fehlte ebenfalls die dünne Staubschicht. Der Tisch war versetzt worden.

Wieder in aufrechter Position, suchte er einen stumpfen Gegenstand. Ein Begriff, der Konkretes vermied und einen weiten Horizont eröffnete. Darum liebten ihn die Forensiker wahrscheinlich auch. Fast alle Gegenstände waren stumpf. Aber sie mussten auch handlich sein. Blumentöpfe fehlten hier auf den Fensterbänken. Es gab weder die in Kriminalfilmen so beliebten Briefbeschwerer wie die ebenfalls gern eingesetzten Statuetten und Schürhaken.

„In der Not frisst der Teufel Fliegen“, dachte Greven laut, als sein Blick an dem großen der beiden Wandteller aus Zinn hängen blieb. Der war schwer genug und mit einem Griff von der Wand geangelt. Er suchte nach Blutspuren am Tellerrand, konnte aber keine Farbunterschiede ausmachen. Andererseits war der Wandteller offenbar staubfrei. Jetzt brauchte er eine der UV-Lampen der Spurensicherung, um Blut aufzuspüren. Aber das war nicht seine Aufgabe.

Greven trat zurück an die Tür und sah in den Raum. Hier hatte sich die Tat abgespielt. Hier hatten sich Opfer und Täter getroffen, und der Täter hatte schnell und entschlossen gehandelt. Anschließend hatte er die Frau aus dem Fenster gleiten lassen. Die Uferböschung war an dieser Stelle schmal und besaß ein deutliches Gefälle. Das Opfer war also in den Burggraben gerollt. Dann hatte sich der Täter mit der Tasche befasst. Eine große und dazu noch grüne Plastiktasche. Amerikanisch eben. Sie in dem Raum verschwinden zu lassen, war nicht möglich. Früher oder später wäre sie in einem der Schränke entdeckt worden. Sie war viel zu auffällig. Auch mitnehmen hatte er sie nicht können.

Greven schloss die Augen und sah den Täter, der die geschmacklose Tasche öffnete und Führerschein, Pass, Kreditkarten, Flug- und Bahnticket an sich nahm. Die Tasche ließ er dem Opfer folgen und hinterließ den Raum so, wie er ihn vorgefunden hatte. Der gesamte Ablauf nahm nur wenige Minuten in Anspruch, dann konnte sich der Täter wieder der Öffentlichkeit in der Burg stellen. Denn die Papiere waren wesentlich leichter und unauffälliger zu verstecken als die auffällige Tasche.

Ein letztes Mal inspizierte Greven den kleinen Raum, öffnete vorsichtig die Schränke, bückte sich, schielte hinter die Möbel. „Das beste Versteck für eine Nadel ist nicht etwa ein Heuhaufen, sondern eine möglichst große Menge anderer Nadeln."

Er wusste nicht mehr, von wem dieses Zitat stammte, aber es war ein gutes Kriterium für die Suche. Sofern er die Tatbausteine halbwegs richtig zusammengesetzt hatte. Er wusste nur zu gut, dass die Fundamente an statisch entscheidenden Stellen aus Vermutungen bestanden.

Die Nachbarzimmer schieden schon nach kurzer Sichtung aus. Typische Museumsräume. Zum dritten Mal betrat er also das Trauzimmer, in dem sich noch immer nichts getan hatte. Dafür jedoch in seinem Kopf. Denn erst jetzt stach ihm ein kleiner Schrank ins Auge, dem er bislang keinerlei Bedeutung beigemessen hatte. Ein schmaler, moderner Schrank, der die blaugraue Farbe der Wandvertäfelung trug und sich auf diese Weise tarnte. Als Greven das obere, unverschlossene Schubfach herauszog, wusste er, dass er zumindest den passenden Nadelhaufen gefunden hatte. In Hängeordnern warteten harmlose Formulare, Flyer und Broschüren für Touristen und Heiratswillige auf ihren Einsatz. Romantische Trauungen im romantischen Trauzimmer.

Greven ermahnte sich zur Ruhe und ging Ordner für Ordner durch, die er einzeln herauszog, um bis auf den Boden schauen zu können. Als ihm im vierten Ordner einige Plastikkärtchen fast entgegenfielen, war er nicht überrascht. Sein fragiles Szenario war in Sekundenbruchteilen zu einem massiven Fundament erstarrt. Ohne Gegenwehr rückte der Hängeordner auch noch ein Flugticket, eine Fahrkarte der Bahn und einen Pass heraus.

Nach einer kurzen Durchsicht der Papiere setzte Greven ein Lächeln auf und zog sein Handy aus der Tasche. Endlich konnte er einmal Hercule Poirot spielen, was ihm die Realität moderner Ermittlungsarbeit bislang verwehrt hatte. Auf eine übertriebene Theatralik wollte er allerdings verzichten.

Im historischen Burgsaal schluchzte noch immer die Braut, die nun von ihren Eltern getröstet wurde, während der Bräutigam mit seinen Freunden sprach. Der Hausmeister empfing Greven mit dem schon gewohnten kritischen Blick, die beiden Verwaltungsangestellten assistierten ihm dabei. Rechts wartete geduldig der Standesbeamte in Butlerpose. Hinter dem Tresen langweilte sich das Personal des Party-Services. Peter Häring und eine Handvoll Kollegen bezogen im Hintergrund Position.

Greven baute sich vor seinem Publikum auf und versuchte, eine möglichst neutrale Miene aufzusetzen. Nacheinander prüfte er wortlos die auf ihn gerichteten Augenpaare.

„Ich habe eine gute Nachricht für Sie“, begann er, „die Hochzeit kann jetzt endlich stattfinden, und zwar ganz legal. Vor wenigen Stunden wäre das noch nicht möglich gewesen, denn da hat Ihre Frau ja noch gelebt, ... Herr Martin!“

Der Bräutigam fuhr zusammen und sah Greven irritiert an, während sich alle Blicke auf ihn richteten. Noch überraschter schaute die Braut, die abrupt ihren Tränenfluss einstellte.

„Ich meine Henny Martin, geborene Dirks. Ihre amerikanische Frau“, stellte Greven mit betont gesteigerter Lautstärke fest.

Die Braut entließ einen Schrei in den Burgsaal und sprang auf, Eltern und Freunde wichen zurück. Dem charismatischen Enddreißiger kam das Charisma abhanden.

„Was reden Sie da?!“, wehrte sich der Beschuldigte nach kurzer Latenzzeit.

„Aber das hören Sie doch!", parierte Greven. „Als Sie heute Vormittag in der Burg eintrafen, stand plötzlich Ihre Frau vor Ihnen. Ich vermute, sie hat zufällig von Ihrer bevorstehenden Heirat erfahren und ist kurz entschlossen hier aufgetaucht. Sie hätte Ihnen alles verdorben, was immer Sie sich von der Heirat erhofft hatten. Sie hatten nur wenige Minuten Zeit für eine Entscheidung und haben sie getroffen. Ein Schlag auf den Kopf und raus aus dem Fenster mit ihr!"

Die Braut ließ die Tränen wieder fließen und begann erneut, wie ein Schlosshund zu schluchzen. Der Rest des Publikums schwieg.

„Aber das ist doch ...!", nahm der Bräutigam einen letzten Anlauf.

„... der ungefähre Tathergang", vollendete Greven den Satz. „Die Leiche bereitete Ihnen keine Sorgen, denn Sie wussten genau, dass es sehr schwer sein würde, sie zu identifizieren. Dazu mussten aber ihre Papiere verschwinden."

In diesem Augenblick zog Greven seinen Fund aus der Jackentasche und fächerte ihn auf.

„Doch wohin damit? Samt Tasche aus dem Fenster oder in einen Schrank? Nein, Sie brauchten ein sicheres Versteck und fanden auch eines: einen unbedeutenden, kleinen Aktenschrank. Dort deponierten Sie die Papiere, in der Hoffnung, sie in den nächsten Tagen wieder abholen und vernichten zu können. Der Zutritt zum Trauzimmer ist keine große Sache, erst recht nicht, wenn man erklärt, dort etwas vergessen zu haben. War es so, Herr Martin?"

Greven ließ die aufgefächerten Papiere wieder in seiner Tasche verschwinden und war mit seinem Auftritt zufrieden. So hatte er sich das vorgestellt. Wenigstens einmal in seiner Karriere die Lösung eines Falls auf diese Weise zu präsentieren. Das staunende Schweigen seines Publikums war sein Applaus, das erstarrte Gesicht des Täters sein Lohn an diesem sonnigen Samstag im Mai.

„Wie wäre es jetzt mit einem Geständnis, Herr Martin? Unsere überaus guten Forensiker werden Ihre Fingerabdrücke in jeder Ecke finden, ganz abgesehen von den Blutspuren am Wandteller. Die lassen sich nämlich nicht einfach abwischen."

Das reichte. Die Miene des Bräutigams versteinerte und offenbarte einen anderen Menschen.

„Sie … sie hat mich heute früh angerufen und auf diesem Treffen bestanden. Sie war schon da, als ich ankam. Mit einer Taxe aus Emden. Ich hatte sie seit Jahren nicht gesehen. Eine Scheidung hatte sie mehrmals abgelehnt. Und nun wollte sie mir mein neues Leben kaputt machen."

„Das ist ihr auch geglückt, wenn auch um einen hohen Preis", sagte Greven. „Ich verhafte Sie also wegen des dringenden Tatverdachts, Frau Henny Martin ermordet zu haben. Vielleicht war es auch Totschlag, aber das muss die Staatsanwaltschaft entscheiden."

Was für ein Auftritt! Greven war mit sich zufrieden.

Manningaburg

Landkreis Aurich

Der Ort Pewsum in der Krummhörn wird erstmals 945 in einer Urkunde als „Pewesheim“ erwähnt und liegt auf einer sehr alten Warf – einem aufgeschütteten Erdhügel zum Schutz vor Sturmfluten. An der höchsten Stelle dieser Warf stehen die Kirche und die Manningaburg. Wie die Burgen von Hinte und Groothusen blieb die Anlage von Strafexpeditionen der Hamburger Hanse im Kampf gegen Seeräuber und von anderen Scharmützeln verschont. Erbaut wurde das Gemäuer in den Jahren 1457 und 1458 vom ostfriesischen

Poppo Manninga ließ die Manningaburg in den Jahren 1457 und 1458 erbauen (links). Später lebte hier auch Katharina von Schweden. Das blaugetäfelte Trauzimmer befindet sich im Erdgeschoss (oben).

Häuptling Poppo Manninga. Der letzte Spross dieser Familie war Hoyko Manninga, der zu seiner Zeit als „großer Verschwender" galt und einen derart großen Schuldenberg auftürmte, dass er die Burg 1564 an den Grafen Edzard II. Cirksena und dessen Gattin Katharina von Schweden für 80 000 Gulden verkaufen musste.

Katharina bewohnte die Burg zeitweise und führte das lutherische Bekenntnis in Pewsum ein. Die Tochter des schwedischen Königs und der ostfriesische Graf hatten zehn

Im Museumsbereich der Manningaburg sind unter anderem Modelle des ehemaligen „Burgenlandes“ Krummhörn zu sehen.

Kinder und sind direkte Vorfahren jener königlichen Nachkommen, die heute in den Adelsblättern zu finden sind: Sowohl der niederländische Kronprinz Willem-Alexander als auch der britische Kronprinz William gehen auf diese „ostfriesische Linie“ zurück. Zwei der zehn Häuptlings-Kinder, die Töchter Sophia und Marie, blieben Pewsum treu und setzten sich auf vielfältige Weise für ihr Heimatdorf ein.

Im Dreißigjährigen Krieg wurde die Burg von Graf Peter Ernst II. von Mansfeld und Feldmarschall Dodo von Knyphausen bewohnt (1623), später vom hessischen General von Eberstein (1644). Nach mehreren Besitzerwechseln drohte die Anlage im 18. Jahrhundert zu verfallen; ein Teil von ihr, die sogenannte Oberburg, wurde abgebrochen. Der ursprüngliche Kern der Burg blieb jedoch erhalten. In den 1920er Jahren war in den Räumlichkeiten ein Kinderheim untergebracht. Seit 1980 gehört die Manningaburg der Gemeinde Krummhörn, die das Gebäude umfassend restaurieren ließ. Mit der Pewsumer Mühle und dem dazugehörigen Gulfhof bildet sie das „Ostfriesische Freilichtmuseum". Überdies ist die Burg seit 1973 ein beliebter Schauplatz für Heiratswillige aus ganz Deutschland, die dort in historischer Atmosphäre den Bund fürs Leben schließen.

Das Museum in der Burg, das zum Museumsverbund Ostfriesland gehört, bietet eine Dauerausstellung zur Geschichte des einstigen „Burgenlandes" Krummhörn – anhand von Modellen und Ornamenten der ehemaligen Schlossanlagen kann sich der Besucher einen Überblick verschaffen. Auch wird die Ära der Häuptlinge in Pewsums Wahrzeichen dokumentiert.

In unmittelbarer Nähe der Manningaburg befindet sich die Kirche – einst St. Nicolaus geweiht. Von dem ursprünglichen Bau aus dem späten 14. Jahrhundert ist nicht mehr viel zu erkennen, da die Kirche mehrfach umgebaut worden ist. Die reich verzierte und eindrucksvolle Kanzel wurde anno 1618 von Gräfin Sophia, der Tochter Katharinas von Schweden, gestiftet. Eine Besonderheit ist das gut erhaltene Hagioskop an der Nordwand des Gotteshauses. Dieses Guckloch sollte es vom Gottesdienst ausgeschlossenen Menschen erlauben, die Zeremonien wenigstens von außen beobachten zu können.

Während der Gründerzeit sind in Pewsum zahlreiche prächtige Villen gebaut worden, die seither das Ortsbild prägen. Seit 1972 ist Pewsum – das mit 3400 Einwohnern größte Dorf der Krummhörn – Verwaltungssitz der Einheitsgemeinde, deren geografischen Mittelpunkt Pewsum ohnehin bildet.

Der Burgsaal im Obergeschoss wird auch für Kulturveranstaltungen genutzt – hier werden beispielsweise Ausstellungen gezeigt.

Ein Ausflugsziel sommers wie winters. Der Heimatverein lädt auch in die Pewsumer Mühle und den dazugehörigen Gulfhof ein.

Schloss Aurich

Andreas Scheepker

„Es gibt hier kein Gespenst ...“

Assessor Christian Veldhusen seufzte ein zweites Mal. Er schaute aus dem Fenster seiner Amtsstube im Auricher Schloss. Die Zufahrt führte durch die Hauptwache hindurch und vorbei an Marstall und Kaserne direkt auf den hohen Schlossturm zu. Hier oben im Turm hatte er sein bescheidenes Amtskämmerchen. Seinen ersten Seufzer hatte Veldhusen vor wenigen Minuten zu Papier gebracht, als er einen Brief an seine geliebte Amelie begonnen hatte. „Aurich, den 11. August 1860 ... Meine geliebte Amelie“.

In diesen zwei Zeilen lag alles, was sein Herz beschwerte. Nach seinem bestandenen juristischen Examen musste er seine Zeit als Assessor in der Auricher Landdrostei des Königreiches Hannover verbringen. Das Datum zeigte ihm, dass diese Zeit noch mindestens ein halbes Jahr dauern würde, bis er hoffentlich eine Stelle in Hannover antreten und seine geliebte Amelie heiraten konnte.

Christian Veldhusen hatte sich diese Zeit anders vorgestellt. Als Schüler hatte er oft über die Ferien Tante und Onkel in Aurich besucht und war immer wieder um das alte Schloss der ostfriesischen Grafen und Fürsten herumgestrichen. Als er die Stelle in Aurich zugewiesen bekam, freute er sich darauf, bei seinen Verwandten zu wohnen und seinen Dienst im ehemaligen Schloss der Cirksena zu tun.

Aber das alte Schloss stand nicht mehr. Vor wenigen Jahren hatte es von Grund auf renoviert werden müssen. Die bei den Arbeiten zutage getretenen Schäden machten alle Hoffnungen auf die Rettung der alten Gebäude zunichte. Sogar den Nordturm mit der hohen Spitze hatte man aufgeben müssen. Ihn hätten die Auricher mangels eines hohen

Kirchturms gern für ihre Stadt gerettet. Nun stand ein modernes, im Stil der Zeit errichtetes Schlossgebäude an der Stelle der alten Auricher Burg.

Hier gab es keine geheimnisvollen Gänge und Gewölbe, sondern Flure und Schreibstuben. Und statt der vorgestellten Ritter und Burgfräulein gab es Amtsrichter und Sekretäre. Versteckte Schätze waren hier nicht zu finden, sondern Akten. Und ein Gespenst gab es hier auch nicht. Danach hatte seine geliebte Amelie fast etwas ängstlich gefragt. Nein, Gespenster trieben hier nicht ihr Unwesen, nur Juristen.

Christian Veldhusen seufzte ein drittes Mal. Vor ihm lag ein großer Stoß Unterlagen. Veldhusens Vorgesetzter war ein Pedant ohne jeden Anflug von Bildung, Phantasie oder Humor. Gelegentlich ließ er sich dazu herab, ihn zu belehren, und Veldhusen ließ die Ausführungen seines Vorgesetzten stumm über sich ergehen, wie einen Nieselregen, der einem keinen wirklichen Schaden zufügte, der aber dennoch recht unangenehm war.

„Es gibt hier kein Gespenst. Der einzige Geist, der hier sein Unwesen treibt, ist der langweilige Ungeist meines Vorgesetzten." Das wollte Christian seiner Verlobten schreiben. Gerade, als er bei dem Wort „Gespenst" angekommen war, klopfte es.

„Verehrter Herr Kollege, darf ich eintreten?" Ein alter Herr stand in der Tür zu Christians Amtsstube.

Diensteifrig schnellte Christian hoch und rückte den Stuhl seines Schreibers an seinen Tisch. „Bitte, nehmen Sie Platz. Womit kann ich behilflich sein?"

„Mit der Gerechtigkeit, werter junger Amtskollege. Mit nichts mehr und mit nichts weniger." Der alte Herr ließ sich schnaufend nieder und musste erst einmal Luft schöpfen. Japsend fuhr er fort: „Wir sind einander noch nicht vorgestellt worden. Das mag wohl daran liegen, dass meine Dienstzeit eigentlich schon zu Ende ist, während die Ihre noch gar nicht recht begonnen hat. Nun brauche ich in einem Fall, der mir besonders am Herzen liegt, unbedingt die Hilfe eines jungen Kollegen. Wenn Sie Zeit und Muße haben, einmal in diese Unterlagen zu sehen?“

„Stets zu Diensten“, antwortete Christian Veldhusen und nahm die Schreibmappe, die ihm sein Besucher auffordernd entgegenstreckte. Er begann zu lesen, während sein Gast mit wachem Blick aus dem Fenster schaute.

Es ging um eine Erbstreitigkeit. Und um eine Liebesgeschichte. Der wohlhabende Auricher Kaufmann Hermann Cassens hatte sein Erbe unter seine beiden Söhne August und Diedrich aufgeteilt. Jeder von ihnen sollte zudem eines seiner beiden Stadthäuser bekommen. Der ältere Sohn August sollte den Landhandel des Vaters übernehmen und weiterführen, während Diedrich eine entsprechend große Geldsumme bekommen sollte, um sich mit einem eigenen Geschäft selbständig zu machen. Als Diedrich vor etlichen Jahren die Tochter von Hermann Cassens’ Konkurrenten heiratete, setzte der Kaufmann im Zorn ein Testament auf. Diedrich und seine Frau sollten zwar das Haus erben, aber das ganze Geld sollte der ältere Bruder erhalten, damit es nicht womöglich Cassens’ Konkurrenz stärken würde. Diedrich Cassens und seine Frau betrieben nun eine kleine, aber solide Weinhandlung.

Vor gut zwei Jahren hatte sich Kaufmann Hermann Cassens dann mit seinem Sohn Diedrich und seiner Schwiegertochter versöhnt. Er schloss sogar Freundschaft mit seiner Schwiegertochter und erklärte sich dann bereit, das im Zorn verfasste Testament zu ändern. Als Vorschuss für das spätere Erbe zahlte er Sohn und Schwiegertochter eine größere Geldsumme aus.

Ein Jahr später starb dann Hermann Cassens plötzlich auf einer Geschäftsreise in den Niederlanden. Der ältere Sohn August sagte aus, dass es kein neues Testament gäbe und nach dem letzten Testament des Vaters ihm sowohl das Geschäft als auch die Geldsumme in voller Höhe zufielen. August bestand darauf, dass Diedrich ihm die Summe, die der Vater ihm ausgehändigt hatte, in voller Höhe zurückzahlen sollte. Auf die Berechnung von Zinsen wollte er gnädigerweise verzichten. Für den Fall, dass das Geld binnen Jahresfrist nicht zurückgezahlt würde, wollte August das geerbte Wohn- und Geschäftshaus seines Bruders pfänden lassen.

„Das hört sich ein wenig an wie die Geschichte vom verlorenen Sohn", sagte Christian Veldhusen und legte die Mappe vor sich auf den Schreibtisch. „Nur dass der ältere Sohn nach dem Tod des Vaters seinen jüngeren Bruder wieder vor die Tür setzen will."

„Ich war vor gut einem Jahr mit dem Fall befasst", sagte Veldhusens Besucher. „Ich wollte Diedrich und seiner Frau zu ihrem Recht verhelfen, aber wir hatten nichts in der Hand. Das nach der Versöhnung geänderte Testament war nicht auffindbar. August Cassens verfügte über gute Beziehungen, auch zu den Behörden hier im Haus. Wir hatten keine Chance. Diedrich und seine Frau haben es akzeptiert. Aber jetzt steht August mit seiner Pfändung vor der Tür, und meine Kräfte sind zu begrenzt, um die Sache noch einmal aufzurollen. Sie müssen helfen."

Christian Veldhusen besuchte noch am selben Tag Diedrich Cassens und dessen Frau. Während Diedrich sich in sein Schicksal ergeben hatte, gab sich seine Frau kämpferisch.

„Ich weiß, dass mein Schwiegervater sein Testament geändert hat. Er hat mir vor seiner Reise gesagt, dass er nun alles wieder in Ordnung gebracht hat. Mein Schwager August hat das Testament versteckt. Vielleicht hat er es sogar verbrannt. Nun will mein Schwager uns auch noch das Wenige wegnehmen, was wir haben."

„Haben Sie noch das Geld von Ihrem Vater?“, fragte Christian Veldhusen.

Diedrich Cassens deutete ein Kopfschütteln an. Seine Frau sprach für ihn: „Mein Mann fällt ganz der Schwermut anheim. Zu groß ist die Bitterkeit über das Verhalten seines Bruders. Unser Geschäft bringt unsere Familie gerade so über die Runden. Wenn mein Schwager uns aus diesem Haus klagt, müssen wir aufgeben. Mein Mann hat das Geld einem guten Freund in Not geliehen. Aber das hat den Freund nicht retten können, und nun gibt es wohl auch für uns keine Rettung.“

Am nächsten Morgen ließ Christian Veldhusen sich bei August Cassens melden. Das Dienstmädchen beschied ihm mit einem angedeuteten Knicks und einem übellaunigen Gesicht, dass er warten solle, da der Kaufmann noch im Kontor zu tun habe.

Veldhusen wartete. Der Salon des Auricher Kaufmanns war mit erlesenen neuen Möbeln eingerichtet. In Vitrinen standen kostbar geschliffene Gläser. Gemälde an den mit Seidentapeten verzierten Wänden dokumentierten den Wohlstand von August Cassens.

„Ein Jurist in meinem Haus?“, eröffnete August Cassens grußlos das Gespräch, während er den Salon betrat. Er war ein großer, kräftiger Mann. „Ich nehme an, es geht um die Räumungsklage gegen meinen Bruder.“

„So ist es“, antwortete Veldhusen knapp und wartete einen Moment. Aber der Kaufmann stand unbeweglich im Raum. „Ihre Schwägerin geht davon aus, dass Ihr Vater noch vor seinem Tod ein geändertes Testament aufgesetzt hat.“

„Es gibt kein geändertes Testament“, berichtigte ihn August Cassens. „Mein Bruder hat von meinem Vater Geld geliehen. Meine Frau und ich waren zugegen und können es bezeugen. Nun ist es an der Zeit, die Schulden zurückzuzahlen. Ob er nun über das Geld verfügt oder mir unser Haus in der Norderstraße überlässt: es wird bezahlt!"

„Er ist Ihr Bruder", wandte Veldhusen ein.

„Eben", antwortete Cassens. „Darum habe ich ihm auch Zeit gelassen, und die Zinsen erlasse ich ihm auch. Aber ein Kaufmann ist ein Kaufmann. Das ist auch unter Brüdern so. Das werden Sie als Beamter nicht verstehen. Ebenso wenig verstehen Sie vermutlich, dass ich am helllichten Tag nicht Konversation treiben kann, sondern Geld verdienen muss." Cassens lächelte säuerlich. Er trat beiseite und gab den Weg zur Tür frei.

Christian Veldhusens Herz klopfte. So eine Behandlung war ihm noch nie zuteil geworden. Er stellte sich direkt vor August Cassens und sah ihm ins Gesicht. „Sie sind ein Lügner", stellte er fest. „Sie haben das Testament Ihres Vaters vernichtet und Ihren Bruder betrogen. Ist das Ihre Kaufmannsehre?"

August Cassens packte den Assessor am Arm und wies mit der anderen Hand auf den Tisch. Dort stand eine mit fein verzierten Blumenmustern geschliffene Karaffe mit Gläsern. „Sehen Sie hin. Fällt Ihnen etwas auf?"

„Eins der Gläser fehlt. Ursprünglich sind es wohl sechs gewesen, und nun stehen dort nur noch fünf", erwiderte Veldhusen überrascht.

„Eines hat unser Dienstmädchen heute Morgen fallen lassen. Wissen Sie, was das Ganze noch wert ist, wenn etwas fehlt? Unser Vater hat das Geschäft aufgebaut, zwei Häuser, gute Geschäftsbeziehungen und viel Kapital. Wissen Sie, was das noch wert ist, wenn davon etwas weggenommen wird?"

August Cassens wartete nicht auf Veldhusens Antwort. Mit einer raschen Armbewegung fegte er die Karaffe mit den Gläsern vom Tisch. Klirrend zersplitterte alles auf dem Boden und an der Wand.

„Er ist ein harter Brocken, nicht wahr?" Die Stimme des eintretenden Besuchers riss Christian Veldhusen aus seinen Gedanken. Wieder hatte er nicht gehört, wie sein älterer Kollege hereingekommen war. Missmutig schaute er aus seinem Fenster auf die Hauptwache. Der Landdrost stand dort mit einer Gruppe von Männern in der Zufahrt.

Sein Besucher stellte sich neben ihn an das Fenster. „Im nächsten Jahr wollen sie die alte Hauptwache abbrechen", erklärte er. „Ich habe es zufällig mitgehört. Der Landdrost erörtert gerade mit einigen Herren den Abriss des Gebäudes. Das Tor ist nicht mehr breit genug für die neue Zeit."

Christian Veldhusen nickte. „Es stimmt. August Cassens ist ein harter Brocken. An dem beißen wir uns die Zähne aus. Ihm ist nichts nachzuweisen. Und sogar wenn wir Haus und Geschäftsräume durchsuchten: das geänderte Testament wird längst zu Asche verbrannt sein, oder?"

Sein Gast schüttelte kaum merklich den Kopf. „Ein guter Kaufmann wirft ein wichtiges Dokument niemals weg. Es könnte eine Situation eintreten, wo so ein Dokument von Nutzen ist."

Veldhusen antwortete: „Aber August wird das Testament so gut versteckt haben, dass wir es auch bei gründlicher Durchsuchung niemals finden würden. Und eine Durchsuchung wird mein Vorgesetzter niemals genehmigen. Ich musste mir vorhin schon eine gehörige Standpauke von ihm gefallen lassen, weil ich einen Besuch bei Cassens gemacht habe. Er und August Cassens sind gute Freunde. Wir werden dieses Testament niemals finden."

Veldhusen sah wieder nach draußen. Der Landdrost verabschiedete sich mit Handschlag und Kopfnicken von seinen Gesprächspartnern. Der Abriss der alten Hauptwache war also beschlossene Sache. Ob man wenigstens den Marstall stehen ließ?

Der Besucher räusperte sich. „Nun, wenn wir das Testament nicht finden können, dann muss eben August Cassens es für uns finden."

„Warum sollte er das tun?", fragte Veldhusen. „Das geänderte Testament würde seine Situation verschlechtern." Er zögerte einen Moment. „Aber was wäre, wenn sich die Situation plötzlich ändern würde und nur das geänderte Testament würde ihn retten?"

Als er sich umwandte, war sein Gast schon wieder verschwunden. Vielleicht war das auch ganz gut. Assessor Christian Veldhusen musste jetzt allein sein, um einen plötzlichen Einfall zu einer Idee weiterzudenken. Aus der Idee wurde ein Plan, ein Hinterhalt. Dazu brauchte er drei reale Personen und eine Phantasiefigur. Die drei realen Personen waren er selbst, Kaufmann August Cassens und sein Vorgesetzter.

Noch einmal ließ er sich alles durch den Kopf gehen. Er ging ein großes Risiko ein. Die Sache konnte ihn seine Stellung kosten. Als er vor der Tür seines Vorgesetzten stand, atmete er noch einmal durch und klopfte.

Mit Genugtuung nahm Veldhusens vorgesetzter Richter dessen Entschuldigung für sein Auftreten bei Kaufmann August Cassens zur Kenntnis. Als Veldhusen andeutete, dass es in diesem Fall in nächster Zeit womöglich eine Wende gäbe, wurde der Richter hellhörig.

„Eine Wende? Wie ist das zu verstehen? Der Fall ist doch abgeschlossen. Das geänderte Testament, in dem beide Brüder wieder zu gleichen Teilen bedacht werden, ist doch niemals aufgefunden worden", bemerkte der Richter und konnte sein großes Interesse kaum verbergen.

Veldhusen tat, als wüsste er nichts von der Freundschaft des Richters mit August Cassens. „Ein weiteres Testament ist aufgetaucht", erklärte er und spielte den Unbedarften.

„Der alte Hermann Cassens hat es kurz nach seiner Versöhnung mit Diedrich aufgesetzt. Das ist etwa zwei Jahre her. Er gab seinem älteren Sohn August die Schuld an seinem Zerwürfnis mit Diedrich und setzte im Zorn nun Diedrich als Alleinerben ein."

„Und warum erfahren wir erst jetzt von diesem Testament?", fragte der Richter lauernd.

„Eine Verkettung unglücklicher Umstände", antwortete Veldhusen geheimnistuerisch. „Der alte Cassens hat das Testament bei einem Notar in Emden gemacht. Kurz nach der Abfassung des Dokumentes übergab dieser Notar die Amtsgeschäfte seinem Sohn und reiste für längere Zeit in die Vereinigten Staaten, um dort deutsche Handelsfirmen rechtlich zu beraten. Offensichtlich hat der Sohn die Geschäfte seines Vaters nachlässig geführt und in der Sache des Testamentes von Hermann Cassens nichts unternommen. In einigen Wochen wird der Notar nach Emden zurückkehren und sich um alles kümmern. Ich habe davon durch Zufall erfahren."

Der Richter starrte seinen Assessor ungläubig an und konnte seine Anspannung nur schwer verbergen. Veldhusen fuhr fort: „Wir haben also zwei Testamente von Hermann Cassens. Im ersten wird August als Haupterbe eingesetzt und im zweiten Testament fällt alles an Diedrich."

„Und es gibt ja noch ein drittes Testament", wandte der Richter mit gespielter Gleichgültigkeit ein. „Es wird doch behauptet, dass in diesem letzten Testament beide Brüder zu gleichen Teilen erben."

„Dieses Testament existiert nach Aussage von August Cassens nicht. Schade für ihn, denn mit diesem Testament könnte er wenigstens die Hälfte des väterlichen Erbes für sich sichern."

Der Richter wurde unruhig und erhob sich. „Ich bitte Sie, mich zu entschuldigen. Dringende Amtsgeschäfte in der Stadt verlangen mein pünktliches Erscheinen. Wir wollen die Angelegenheit am besten auf sich beruhen lassen."

„Das wollen wir", antwortete Veldhusen. „Ich habe auch so genug zu tun. Ich werde den heutigen Abend in meiner Amtsstube verbringen, um meine Akten zu bearbeiten."

Christian Veldhusen öffnete das Fenster, um die milde sommerliche Abendluft hereinzulassen. Als er ein Geräusch von draußen hörte, ahnte er, wer gleich eintreten würde. August Cassens.

Schwer atmend stand der Kaufmann in der Tür. „Bitte entschuldigen Sie, dass ich heute früh so aufbrausend war. Der Tod meines Vaters und der Streit mit meinem Bruder gehen mir sehr nahe. Aber damit Sie nicht denken, ich sei nachtragend, habe ich noch einmal alles nach dem vermeintlichen Testament durchsucht. Im Kontor und in den Unterlagen meines Vaters habe ich schon damals nichts gefunden. Ich habe damals sogar seine Kleidung durchsucht und seine Bücher durchblättert."

Veldhusen wusste, dass August Cassens log, aber er unterbrach ihn nicht.

„Dann kam mir nach Ihrem Besuch etwas in den Sinn", fuhr August Cassens fort. „Mein Vater hatte immer einen kleinen Schreibsekretär, an dem er private Korrespondenz erledigte. Ich hatte schon nach dem Tod meines Vaters alle Fächer und Schubladen durchgesehen, um nach dem Testament zu suchen. Nun habe ich den Schreibsekretär nach einem Geheimfach durchsucht. Ich habe sogar Tischler Collmann hinzugezogen."

Mit zittrigen Fingern hielt August Cassens dem Assessor ein Papier entgegen. Veldhusen nahm es, entfaltete es und las. Wenige Tage vor seiner Abreise in die Niederlande hatte der Kaufmann Hermann Cassens als letzten

Willen verfügt, dass beide Brüder zu gleichen Teilen erben sollten.

„Ich bin glücklich, dass ich es finden konnte", erklärte August Cassens und ging zur Tür. „Es tut mir herzlich leid, dass ich nicht eher darauf gekommen bin. Aber so kann meinem Bruder doch geholfen werden."

Veldhusen nickte Cassens zu. „Ich danke Ihnen und kümmere mich um alles Weitere." Er konnte ein leichtes Grinsen nicht unterdrücken.

August Cassens bemerkte den Gesichtsausdruck des Assessors. Er starrte ihn einen Moment an und stürmte dann unvermittelt auf ihn zu. Wütend schrie er: „Sie sind der Lügner. Jetzt durchschaue ich es. Eine Falle. Es gibt keinen Notar in Emden, und es gibt auch kein weiteres Testament meines Vaters!"

„Es gibt dieses Testament!", entgegnete Veldhusen und hielt Cassens das Schriftstück entgegen. „Sie haben sich selbst überführt."

„So schnell geht das nicht", antwortete August Cassens. Er entriss Veldhusen das Testament und hielt es in die Kerzenflamme. Bevor Veldhusen die Hand danach ausstrecken konnte, war es schon zur Hälfte verbrannt.

Cassens hielt seine Hand mit dem brennenden Papier aus dem Fenster. Als Veldhusen erneut danach griff, ließ Cassens es los, und der kümmerliche Rest des Testamentes war verbrannt, ehe er unten auf dem Steinpflaster angekommen war.

Schon im nächsten Moment hatte Veldhusen sich wieder gefasst. „Es nützt Ihnen nichts, Cassens. Ich habe das Testament gesehen und kann den Inhalt bezeugen."

„Ihr Vorgesetzter wird es gar nicht dazu kommen lassen!", schrie Cassens.

„Mein Vorgesetzter wird es vor allem nicht dazu kommen lassen, dass er selber seine Stellung verliert. Er hat vertrauliche Informationen an Sie weitergegeben. Das kann ihn sein Amt kosten."

Blind vor Zorn packte August Cassens den schmächtigen Assessor. „Dann werden Sie dem Testament folgen. Hoffentlich haben Sie Ihres schon gemacht." Er wollte Veldhusen aus dem Fenster stoßen, aber der klammerte sich an den Rahmen. Immer wieder drückte und stieß ihn der kräftige Kaufmann, und Veldhusen merkte, dass er dieser Kraft nicht mehr lange standhalten konnte.

Plötzlich erstarrte Cassens und sah zur Tür.

Veldhusens älterer Kollege stand plötzlich dort. „Sind Sie ganz von Sinnen, Cassens? Reicht Ihnen nicht, was Sie bisher verbrochen haben?" Der Alte kam auf die beiden zu und streckte die Hand nach August Cassens aus.

Der war ganz bleich geworden. „Sind Sie das? Aber wie können Sie …? Sie sind doch …?" Panisch wich August Cassens zurück und verlor den Halt. Er ruderte mit den Armen und Christian Veldhusen versuchte, seine Hand zu greifen. Mit einem Schrei fiel August Cassens aus dem Fenster.

„Da kann man nichts mehr machen", stellte der Arzt fest. Vor ihm auf dem Steinpflaster lag August Cassens. Der Landdrost, Veldhusens Vorgesetzter und einige andere Herren standen zusammen mit Christian Veldhusen vor dem Toreingang des Auricher Schlossturms.

„Eigenartig", bemerkte Veldhusen und sah seinen Vorgesetzten scharf an. „Der Kaufmann war gekommen, um sich für sein unfreundliches Verhalten von heute Morgen zu entschuldigen. Irgendwie musste er erfahren haben, dass ich zu so später Stunde noch in meiner Amtsstube war. Er öffnete die Fenster, um die milde Abendluft hereinzulassen und lehnte sich aus dem Fenster. Dann stürzte er, und ich konnte ihn nicht mehr halten."

„So etwas gibt es", bemerkte der Arzt. „Erst letztes Jahr ist einer der Staatsanwälte auf diese Weise ums Leben gekommen, wenige Tage vor seiner Pensionierung. Anscheinend lebt man gefährlich im Auricher Schloss, noch gefährlicher als zur Fürstenzeit. Vielleicht sollte der Herr Drost eine Vorrichtung an den oberen Fenstern anbringen lassen, damit nicht noch mehr waghalsige Männer zu Tode kommen."

„Vielleicht können wir die Angelegenheit auf sich beruhen lassen", sagte Veldhusens vorgesetzter Richter kleinlaut. „Alles Weitere findet sich. Nun fällt das ganze Erbe Diedrich Cassens zu. Und Ihr vorbildliches und diskretes Verhalten wird seinen Niederschlag in einem vorzüglichen Zeugnis für Ihre Zeit als Assessor an der Hannoverschen Landdrostei in Aurich finden. Es kann Ihre weitere Karriere durchaus beflügeln."

„So wollen wir es halten", antwortete Christian Veldhusen, immer noch den Schrecken in den Gliedern.

„Eins noch, verehrter Herr Kollege", sagte der Richter. „Sie sagten, ein älterer Kollege habe Sie auf diesen Fall angesetzt. Ich kann mir gar nicht vorstellen, wer das sein soll."

„Er hat mir seinen Namen nicht genannt. Seltsam. Erst jetzt fällt mir das auf", antwortete der Assessor.

„Wirklich sehr seltsam. Vielleicht haben Sie die Güte, mir zu folgen. Im Amtszimmer des Landdrosten hängt eine dieser modernen Photographien. Hermann von Schleusen, unser Auricher Maler und Photograph, hat im vergangenen Jahr eine solche Ablichtung unseres Kollegiums angefertigt."

Sie gingen in das Amtszimmer des Drosten und Veldhusens Vorgesetzter hielt die Lampe dicht an die Photographie.

„Der ist es." Christian Veldhusen zeigte auf den älteren Herrn ganz links.

„Unmöglich“, erwiderte sein Vorgesetzter. „Das muss eine Verwechslung sein. Staatsanwalt Stromann lebt nicht mehr. Er ist der bedauerliche Kollege, der im vergangenen Jahr ebenfalls bei einem Sturz aus dem Fenster ums Leben kam. Auch er hatte sich zu weit aus dem Fenster gelehnt. Eigenartig. Der einzige Zeuge für diesen Unfall war Kaufmann August Cassens, der kurz vorher wegen des strittigen Testamentes bei ihm gewesen war.“

„Es gibt hier kein Gespenst.“ Christian Veldhusen saß am Morgen nach dem schrecklichen Vorfall in seiner Amtsstube und las den angefangenen Brief an seine Verlobte Amelie. Er zerknüllte das Papier und begann einen neuen Brief.

Schloss Aurich

Landkreis Aurich

Die ehemalige Residenzstadt Aurich besitzt einen Schlossbezirk, dessen heutige Schlossanlage in den Jahren von 1851 bis 1855 entstand. Errichtet auf den Grundmauern der 1448 vom ostfriesischen Grafen Ulrich I. Cirksena erbauten Wasserburg (im Volksmund Averborg genannt), wird das Gebäude heute von der Oberfinanzdirektion Niedersachsen als „Landesweite Bezüge- und Versorgungsstelle" (LBV) genutzt, außerdem ist es Sitz des Landgerichts. Die umstehenden Gebäude des Bezirkes dienen der Staatsanwaltschaft,

Den Bau des ehemaligen Marstalles veranlasste Edzard II. Cirksena im Jahre 1587 (links). 1732 wurde daraus ein Kanzleigebäude. Das Schloss war von Beginn an Sitz der Verwaltung (oben).

die bis 1966 ebenfalls im Schloss untergebracht war. Die erste Häuptlingsburg in Aurich wurde um 1380 unweit des späteren Schlossbezirks erbaut – vermutlich von der Familie tom Brok. Focko Ukena, der Nachfolger der tom Brok, ließ die Stadtbefestigung mit Wällen und Gräben erweitern und zusätzlich ein Bollwerk gegen mögliche Angreifer errichten. Um 1430 wurde die Burg im Ringen um die Vorherrschaft in Ostfriesland von den Gegnern Focko Ukenas, den Truppen des Freiheitsbundes der Sieben Ostfrieslande,

Der Auricher Schlossbezirk mit seinen umliegenden Behörden- und Justizgebäuden. Unten links im Bild ist das Amtsgericht zu erkennen.

geschleift. Auf Focko Ukena folgten die Cirksena als Landesherren in Ostfriesland. Deren erster Graf, Ulrich I. Cirksena, ließ gegenüber der alten Häuptlingsburg die erwähnte Averborg (mögliche Namensdeutung: „Gegenüber der alten Burg") errichten. Unter Edzard II. Cirksena wurde Aurich von 1561 Residenzstadt und blieb es bis zum Machtantritt der Preußen 1744. Es war nicht zuletzt die sogenannte Emder Revolution anno 1595 gewesen, während der die gräfliche Burg eingenommen worden war, die der Grafenfamilie einen Wechsel nach Aurich auferlegt hatte.

Edzard II. war es auch, der 1587 den Grundstein für den gegenüberliegenden, zweigeschossigen Marstall mit seinem markanten, 14 Säulen überspannenden Arkadengang legte. Im Erdgeschoss befand sich ein Pferdestall, im Obergeschoss ließ die Grafenfamilie sechs Herrengemächer einrichten. Dieses Obergeschoss ließ der von 1708 bis 1734 regierende Fürst Georg Albrecht Cirksena 1732 gänzlich zu Kanzleiräumen umgestalten – so entstand der Beiname „Neue Kanzlei". Der langgestreckte Backsteinbau mit Galerie und prächtigem Amsterdamer Brüstungsgitter ist als einziger Teil der älteren Schlossanlage erhalten. Die Averborg wurde 1852 unter hannoverscher Herrschaft größtenteils niedergerissen, nachdem erkannt worden war, dass eine Sanierung sinnlos sei. Weiterhin hatte es im Schlossbezirk die sogenannte „Hauptwache" gegeben, doch auch dieses Torhaus blieb nicht erhalten.

Mit dem Neubau des Schlosses beauftragte der hannoversche König Georg V. Baumeister E.H. Blohm, der fünf Jahre zuvor für die Erweiterung des Ständesaales im Vorgängerbau des heutigen Landschaftsgebäudes verantwortlich gezeichnet hatte. Auf dem Schlossgelände entstand so eine Anlage im englischen Tudorstil des Historismus. Von der Averborg wurde der untere Teil des Südflügels integriert. Rund 60 000 Reichstaler musste die für die Finanzverwaltung zuständige Königliche Domänenkammer Hannover für den Neubau aufwenden. Das Schloss, dessen Turm 30 Meter hoch aufragt, war von Beginn an nicht für Wohn- und Repräsentationszwecke konzipiert worden, sondern als Standort der Verwaltung der hannoverschen Regierung. Später wurde es Sitz der Bezirksregierung.

Das „Schlösschen" im dahintergelegenen südlichen Schlossgarten entstand von 1885 bis 1886 im Zuge der Verwaltungsreform und war von 1887 bis 1890 Wohnsitz des ersten preußischen Regierungspräsidenten von Colmar-Meyenburg. Heute wird auch dieser zweigeschossige Putzbau mit Walmdach von der „Landesweiten Bezüge- und Versorgungsstelle" und dem Niedersächsischen Informatikzentrum genutzt.

Ein Modell im Historischen Museum Aurich zeigt den früheren Schlossbezirk mit der 1861 abgerissenen „Hauptwache" im Vordergrund.

Das Schlösschen entstand von 1885 bis 1886 als repräsentativer Wohnsitz des ersten preußischen Regierungspräsidenten von Colmar-Meyenburg.

Schloss Lütetsburg

Lübbert R. Haneborger

Serenade in Moll

Nur hin und wieder drang das Sonnenlicht durch das Blätterdach der mächtigen Linden. Dort, wo es den sandigen Weg erreichte, deutete es für Augenblicke ein liebliches Farbenspiel an. Gleich daneben lag der Wegesrand im tiefsten Schatten.

Die stille Allee hinter dem schweren, dunklen Eisentor, sonst allein der gräflichen Familie vorbehalten, war heute gesäumt von Menschen jeglichen Alters. Leger gekleidet oder im Sonntagsstaat strömten die Besucher in den Schlosspark. Der milde Junihauch, der die Luft erfüllte und die Lampions in den Bäumen zart berührte, versprach einen ausgelassenen und festlichen Abend. Wie alle zwei Jahre bildete die *Lütetsburger Schlosspark-Serenade* einen der musikalischen Höhepunkte des sommerlichen *Norderlandes*. Eine *Night of the Proms* der ländlichen Art, ehrenamtlich vom Norder Stadtorchester unter Mitwirkung von Hilfsorganisationen und Vereinen ausgerichtet und im Glauben an den guten ostfriesischen Himmel im Freien veranstaltet.

Tänzer und Kleinkünstler boten schon jetzt am Rande des großen Rasenkarrees ihre Kunststücke dar, während die Gastronomen in Pagodenzelten mit adeligen Wortkreationen für ihre Genusskultur warben. Und ganz innig, fast verstohlen, sah man abseits vereinzelte Pärchen – flanierend zum ockergelben *Freundschaftstempel*, durch seine Fenster in das kleine Rund lugend und von ihrer zukünftigen Vermählung träumend.

Durch das Innere des Wasserschlosses an der Lütetsburger Landstraße eilten derweil die schwarz gekleideten Musiker des Stadtorchesters. Lampenfiebertrunken stellten sie allenthalben ihre Instrumentenkoffer ab, und durch die dreimannshohen Glastüren des dämmrigen Ahnensaales bahnten sie sich ihren Weg auf die provisorische Bühne und ihre Plätze. Das vielstufige Künstlerpodest nahm die ganze Schlossterrasse ein und endete unmittelbar an den morastigen Untiefen des ruhenden Burggrabens.

Am gegenüberliegenden Ufer hatten erwartungsfroh die gut betuchten Gäste in artigen Stuhlreihen rund um die junge gräfliche Familie Platz genommen. Dahinter erstreckte sich die 60 mal 80 Meter messende Parkwiese, die sommersprossengleich von bunten Picknickdecken und einem Vielklang menschlicher Farbtupfer bevölkert wurde. So jedenfalls musste es durch das Objektiv des rastlosen Fotografen wirken, der die Szene auf dem *Großen Parterre* vom Schlossturm aus für die Zeitungsleser ins Visier nahm.

Als der Konzertabend um kurz vor acht mit einem furiosen Trommelwirbel einsetzte, hatte das Publikum zur Ruhe und zur nötigen Andacht gefunden. Die Musiker und Sänger begeisterten in der Folge in Soloparts oder Ensembleauftritten mit einem Querschnitt durch die populäre Welt der Klassik. Die Balletteusen der Kunstschule begleiteten sie dabei zuweilen mit farbenfrohen und schwebenden Tanzeinlagen.

Die Rückseite des ab 1956 wiedererbauten Wasserschlosses war zu dieser Zeit nahezu verwaist. Selbst der Klappstuhl des Pyrotechnikers, der auf dem Rundplatz der historischen Vorburg alle Vorbereitungen für das abschließende Feuerwerk getroffen hatte, war kurzzeitig verlassen. Aber es war kaum zwanzig Meter von dieser Stelle entfernt, dass sich bald nach der Pause ein Ruderboot an der schweren Brücke zur Lütetsburg losriss und sein Inhalt wider Erwarten die Zündkraft des spätabendlichen Feuerwerks übertraf. Und hatte Bernd Fuhrmann als musikalischer Leiter und Moderator des Abends zuvor noch gescherzt, dass nach altem Recht alles, was im Burggraben lande, dem Grafen zufalle, woraufhin man auch bei der Serenade von Jungfrauen gehört habe, die sich bei Gefahr für Leib und Leben in die dunklen Wasser stürzen wollten, so sollte dieser Ausspruch nur anderthalb Stunden später seine Heiterkeit einbüßen.

Der zweite Teil des Konzertabends näherte sich seinem Ende und mit hereinbrechender Dämmerung hatte sich auch ein Gefühl von Kühle, ja von Klammheit, auf den Picknickdecken und Stühlen breitgemacht. Nicht ohne Grund, denn eine milde Brise wehte nun von der Vorburg herüber und in ihrem Schwang trieb auch die dunkle Barke, wie von unsichtbarer Schnur gezogen, in Richtung des Schlossparks. Als die ersten sprühenden Funken des Feuerwerks am Himmel erschienen, versprachen sich auch die sensibleren Gemüter noch einmal einen Augen- und Ohrenschmaus, bevor sie bald in die heimische Wärme flüchten würden.

Noch immer regierten die farbenfrohen und polternden Himmelsbilder in das musikalische Finale, als plötzlich ein kleines Mädchen in Ufernähe aufsprang und ängstlich auf das nahende Treibgut wies. Sein älterer Bruder rief hierdurch aufgeschreckt: „Lisa, der Mann will uns rammen!"

Doch als der Kahn schließlich im Schlaglicht der Feuerfontänen dumpf gegen das Ufer stieß, schien es den Geschwistern, als ob der Angespülte schlafe. Doch in dem Ruderboot regte sich kein Leben mehr, und der stadtbekannte Anwalt, der wenig später im Taschenlampenlicht geborgen wurde, zeigte das erstarrte Gesicht eines vom Tode überraschten Mannes.

Der Großteil der Besucher war zu dieser Zeit längst aufgebrochen, und so lauschte man am kommenden Morgen ungläubig dem Frühstücksradio und der Meldung vom rätselhaften Todesfall bei der *Lütetsburger Schlosspark-Serenade*. Aber die vielen Einsatzwagen und Absperrbänder entlang der gräflichen Anlagen bestätigten den Sonntagsfahrern bald, dass der vergnügliche Teil des Parkfestivals der kläglichen Arbeit der Mordkommission gewichen war. Während die Kollegen der Spurensicherung in weißen Kunststoffanzügen die schwere Brücke zwischen Vorburg und Schloss inspizierten, entzündete Frank Stedehöft die dritte Zigarette dieses Vormittags. Er lehnte am Brückengeländer und sah hoch zum Turmrund des Schlosses, wo der Lütetsburger Löwe heute faltenschwer und auf Halbmast gehisst vom goldenen Fahnengrund hinabblickte. Fast mutete es lieblich an, wie die ersten Sonnenstrahlen rund um das Wappentier der Familie zu Inn- und Knyphausen über Natur und Gemäuer tanzten. Wie herrlich zart das Vogelgezwitscher aus den Hektarweiten des Schlossparks herüberklang und wie kindlich aufgeregt die Enten des Burggrabens ihre Neugierde über die eifrigen Rechercheure zum Ausdruck brachten.

Erst als eines der Grafenkinder mit seinem Bobbycar unsanft über die Brückenbalken ratterte, erwachte Stedehöft aus diesen Gedanken. Seit gut zwei Monaten ermittelte der schweigsame Bremer für das Kommissariat am Norder Marktplatz. Groß gewachsen und mit einem markanten Kinn, wirkte er irgendwie smart. Seine wachen, früher oft verschmitzt lächelnden Augen jedoch trugen noch immer die Zeichen von Schmerz und Melancholie.

Seine Versetzung an die Küste bedeutete einen neuerlichen Fluchtversuch. Eine schmerzhafte Trennung lag hinter ihm, die Scheidung würde folgen. Sechs Jahre schienen plötzlich wie ausradiert und er wollte nur noch weg, weg aus der Hansestadt, die ihm sonst durch Herz und Adern strömte. Dass sie ihn betrogen hatte, glaubte er inzwischen nicht mehr. Doch ging sie jetzt definitiv an der Seite dieser vermaledeiten Internet-Bekanntschaft, Italiener und Manager am Jade-Weser-Port. Den Rest mochte er sich lieber gar nicht vorstellen.

Auch der ins Boot gestürzte Tote war mit einer neuen Begleiterin erschienen gestern Abend, obwohl er seit seiner Scheidung vor gut fünf Jahren offenbar ein Geheimnis aus seinem Privatleben gemacht hatte und vielen als unnahbar galt. Als ein Parvenü sogar, der beruflich manche Leiche im Keller zu haben schien und alles andere als beliebt war. Das mochte einige Motive ergeben und bedachte man, dass sich viele der potenziell rachsüchtigen Zeitgenossen unter den Besuchern der Serenade befunden hatten, konnten sich die Spuren schnell ins Unendliche verlieren. Aber noch wusste Stedehöft ja nicht einmal, ob der Norder Jurist Reimer de Loewe überhaupt ermordet worden war. Seine gekrümmte Haltung und das überraschte Gesicht sprachen nur für einen unerwarteten Sturz. Viel mehr war bisher nicht bekannt, und der Pathologe ließ seit Stunden auf sein Urteil warten.

Als er seinen Zigarettenstummel erneut in die Graft schnipste, erntete Stedehöft nicht nur den Fluch eines in diesem Moment aufsteigenden Tauchers. Selbst der Chef der Spurensicherung schüttelte verständnislos den Kopf.

„Was soll ich denn sonst tun, wenn ihr nichts findet?“, brummte der Kriminalkommissar launisch. Detert Kromminga, leitender Spurenermittler und inzwischen mehr als nur ein Arbeitskollege, konterte: „Spar dir deinen Sarkasmus, Frank! Das hier ist auch für unsereins kein Vergnügen. Wir wissen nicht mal, von welcher Stelle der Brücke er überhaupt *über*, pardon, *an* Bord gegangen ist. Deshalb … lehn dich da nicht so an das Geländer!“

„Habt ihr denn nicht irgendetwas Konkretes?“, hakte Stedehöft unverdrossen nach. Doch als er sich aufrichten und dem Kollegen zuwenden wollte, spürte er plötzlich, wie sich ein winziger Holzsplitter in seine linke Hand bohrte. Die Verletzung war minimal, als er aber auf das Geländer zurückblickte, entdeckte er plötzlich einen weißen Leinenfaden.

Kromminga, der dies beobachtete, antwortete: „Nur Blut und Haarreste, wo sein Kopf auf den Bootsrand geschlagen ist. – Aber, wie ich sehe, können wir ja gleich aufhören, du erledigst das ja schon! – Was Wichtiges dabei?" Stedehöft besah sich zweifelnd den gekräuselten Faden, den er behutsam mit einem Papiertaschentuch aufnahm. „Ich weiß nicht, ein Faden. Könnt ihr ja vorsichtshalber mal einpacken!"

Der stämmige Kommissaranwärter Malte Jahn, der im Revier wegen seiner Statur auch *Bullerjahn* genannt wurde, kam schwitzend über den Rasenkreis der Vorburg gelaufen. Zur Freude des Grafensohnes sprang er noch theatralisch über das stehengelassene Bobbycar, bevor er den Kollegen schwer atmend berichtete: „Der Graf weiß auch nichts! Er hat de Loewe und seine Begleiterin noch persönlich begrüßt gestern Abend. Ich komme gerade aus seinem Büro im Gräflichen Rentamt." Dann wandte sich Malte seinem kindlichen Bewunderer zu. Dieser zog ihn am Hosenbein und wollte ihn wortlos zu einer Spritztour auf seinem roten Plastik-Flitzer animieren.

„Das Mobiltelefon von de Loewe", mischte sich Kromminga wieder ein, „ist beim Sturz vermutlich in der Graft gelandet. Aber bei der Brühe können unsere Taucher wohl noch lange suchen. Vielleicht haben ja die Enten ein Einsehen mit uns!"

„Also, ziemlich hoffnungslos, Detert?", fragte Stedehöft. Der Spurensicherer nickte. „Na, dann müssen wir eben die Telefongesellschaft anzapfen. Malte, was haben denn die Feuerwehrleute gesagt, die das Tor der Vorburg im Auge behalten sollten?"

„Oh ja! Fast vergessen." Jahn zückte seinen Notizblock. „Sie haben natürlich die Musiker durchgelassen, den Pressefotografen, der auf den Turm wollte, so allerhand Bekannte, das Kindermädchen der Familie, den Pyrotechniker und so weiter. So genau können sie sich nicht erinnern. Aber der

Sprengmeister hat drüben an der Landstraße beim Einsatzwagen gemütlich zwei Bierchen mit den beiden gezischt! Und hinterher hat er das treibende Boot wohl gesehen, aber amüsiert gemeint, darin schlafe wohl ein Besoffener!“

„Na, herrlich!“, murmelte Stedehöft, der in seinem dunkelbraunen Sakko und der beigefarbenen Hose selbst wie ein Landadeliger wirkte. Lauter fuhr er fort: „Ein eigentlich begrenzter Tatort, Innenhofsituation mit nur einer Zuwegung, wie aus dem Lehrbuch! Dazu noch zwei einsehbare, aber nur über das Wasser erreichbare Seiten. Einmal dichtes Gehölz – von da ist wohl kein Augenzeuge zu erwarten. Und auf der anderen Seite kann man von der Eingangsallee hier herüber sehen! Aber keine Zeugen?“

„Es dämmerte wohl schon“, mutmaßte Malte Jahn kleinlaut. „Habt ihr inzwischen wenigstens den Zeugenaufruf gestartet?“, beharrte Stedehöft.

„Klar, das Telefon ist geschaltet, aber bisher Fehlanzeige. Morgen werden auch die Zeitungsleser um Mithilfe gebeten. Aber irgendwie scheint es alle Besucher und Organisatoren spätestens mit Konzertbeginn in den Park gezogen zu haben. Und in der Pause ist es wohl nicht passiert, denn einige Besucher gingen auf der Allee, wie Kollegin Rieken gerade von den THW- und Feuerwehrleuten erfahren hat, die drüben abbauen“, berichtete der junge Kollege.

„Das weiß ich“, sagte Stedehöft mit Blick auf die sonnige Allee. „In der Pause bin ich ja selbst gegangen …“ Komminga und Jahn wechselten vielsagende Blicke, wagten aber nicht, ob dieser überraschenden Erkenntnis bei ihrem Vorgesetzten näher nachzufragen. Wahrscheinlich war der Notar und Anwalt dem Neuen nicht einmal aufgefallen. Warum Stedehöft schon zur Pause dem Drang nachgeben musste, fortzulaufen, konnte er sich selbst nicht recht erklären. Aber die Menge der fröhlichen Menschen war ihm plötzlich unerträglich erschienen.

„Also nach der Pause“, schloss Kromminga erleichtert. „Wir müssen uns unbedingt mit der Begleiterin des Opfers unterhalten, sie wird ja wohl am ehesten bezeugen können, wann de Loewe den Sitzplatz neben ihr verlassen hat“, überlegte Stedehöft, dessen Handy unvermittelt aus der Jackentasche plärrte. Als er sich meldete, erkannten beide Kollegen sofort die sonore Stimme des Pathologen.

„Und?“, fragte Stedehöft lakonisch ins Handy-Mikro. „Was hört man aus Frankensteins Gemächern?“ Aber seine Mimik verriet den Kollegen bald, dass auch vom Seziertisch keine stichhaltigen Indizien zu erwarten waren. Nach dem Gespräch zitierte er in knappen Worten: „Kerngesunder Knabe, dieser Advokat, sagt der Pathologe. 48, leicht alkoholisiert, glatter Genickbruch, Holzsplitter in der Kopfwunde. Keine Spuren, die für einen vorsätzlichen Stoß oder Schlag sprechen könnten. Nur Sturzverletzungen. – So ein verfluchter …“

„Ach, da bist du ja!“, hörte man plötzlich eine junge Frau, die im Tor des Schlosses erschienen war und sich offensichtlich um den adeligen Sprössling sorgte. Als Stedehöft ihrem Blick folgte und über dem Kopf des Kindes die Privatwagen betrachtete, die auf dem Vorburg-Gelände parkten, fragte er die Vorbeigehende: „Entschuldigen Sie, sind Sie das Kindermädchen? Dann wissen Sie doch sicher, wer hier außer der Grafenfamilie noch wohnt, oder?“ Die sportliche Frau in Pulli und Jeans blieb stehen und wandte sich verlegen den Beamten zu. „Ja? … Äh, meinen Sie in der Vorburg?“ „Ja, in der Vorburg“, ermunterte sie Stedehöft.

Sie wandte sich den einzelnen Flügeln des Gebäudes aus dem 15. Jahrhundert zu und erklärte: „Dort lebt die alte Großmutter des Grafen, daneben hat sich ein Gärtner eingemietet. Da wohnt der Golftrainer, aber der spielt gerade ein Turnier auf Norderney. Und da hinten, da befinden sich nur die ehemaligen Stallungen.“

„Der Mörder ist immer der Gärtner …", frohlockte Kromminga nach diesen Worten, während die attraktive Betreuerin den Junior schulterte und ins Schloss zurückbrachte. Malte Jahn pfiff anerkennend durch die Zähne. „Malte, ich dachte du hast eine Freundin, schäm dich!", wunderte sich Kromminga. „Und hat die dir nicht erst letzte Woche geraten, dringend mal abzunehmen?" Nun musste auch Stedehöft schmunzeln: „Die sportliche *Nanny* würde dir wahrscheinlich genau dasselbe sagen, Malte! Was hältst du also von verdeckter Ermittlung im Schlosspark – in Joggingschuhen und Ballonseide? Wenn es den Mörder dann zurückzieht zum Tatort, kannst du ja noch mit 'nem Endspurt glänzen!"

Doch das Lachen verging den Ermittlern bald. Nachdem sie Großmutter, Gärtner und das übrige Personal erfolglos befragt hatten, stellten sie die Kanzlei und das Privathaus des ehrenwerten Herrn de Loewe auf den Kopf, um dabei auf Aktenstapel von verärgerten Mandanten und Prozessgegnern zu stoßen. Selbst mit der Staatsanwaltschaft in Aurich hatte er sich wiederholt angelegt, was de Loewe in akribisch aufgeklebten Zeitungsausschnitten festhielt. Nach der öffentlichen Behauptung, er besitze Beweise für einen beträchtlichen Justizskandal, waren beide Seiten abrupt verstummt. Lag hier ein Motiv, und wo bewahrte de Loewe die angeblichen Beweise auf? Mit wem hatte er sich überhaupt an der Vorderseite des Schlosses zum eifrigen Disput getroffen, während halb Norden auf der Rückseite desselben Gemäuers klassischen Harmonien lauschte?

Die junge Freundin des Opfers, eine Reedertochter aus Leer, war tief erschüttert. Sie beide hätten noch in diesem Jahr heiraten wollen, obwohl sie sich doch erst vor drei Monaten kennengelernt hatten. „Schon den ganzen Abend war er so anders, so unruhig", erklärte sie. „Und nach der Pause hat er mehrmals nervös sein Handy herausgeholt und gesagt, er müsse noch unbedingt kurz jemanden am Parktor treffen." Und schon war er mitten im Konzert aufgesprungen und davongelaufen. Stedehöft und Jahn witterten Morgenluft, die wenig später abgerufenen Daten der Telefongesellschaft führten aber erneut zur Ernüchterung. Der Mann hatte gelogen, er war nicht am Tor, sondern in der Vorburg verabredet gewesen und auf seinem Handy hatte es weder einen Anruf noch eine schriftliche Mitteilung gegeben. Mehr noch: Das Telefon war zu Beginn der Serenade abgeschaltet worden und schon stumm, bevor es wie ein Fisch hinabtauchte in die Tiefen des Burggrabens. Wie also hatte man de Loewe zu dem Treffen animiert, wenn seine Freundin praktisch den ganzen Abend an seiner Seite war?

Im Archiv des nahegelegenen Verlagshauses wunderte sich der lockenköpfige Fotograf nicht schlecht, als ihn der Kommissar aufsuchte und alle Aufnahmen der Serenade sichten wollte. Eine Reihe seiner Bilder half de Loewes Weg über das Festivalgelände nachzuzeichnen, die Vorburgseite aber war nur in zwei Schnappschüssen zu sehen, die noch vor der Pause entstanden waren. War hier dennoch jemand zu erkennen, der in den Kanzleiakten ein gewichtige Rolle spielte oder der ihn durch einen Wink in eine tödliche Verabredung gezwungen hatte?

Stedehöft begann einzusehen, dass dieser Fall eigentlich nicht aufzuklären war, wenn der Täter durchhielt und sein Schweigen bewahrte. Immerhin war ein Mitglied der guten Gesellschaft zu Tode gekommen, und es galt, den Erwartungsdruck der Öffentlichkeit zu besänftigen. Ob es überhaupt ein vorsätzlicher Mord war, mit dem Stedehöft sich auseinandersetzen musste, war genauso ungewiss wie seine Erwartung, dass den Täter Reue überkäme. Dennoch verstieg er sich schließlich in die Psychologie des Falles, traf sich mehrmals mit einer Kriminalpsychologin und schickte Malte Jahn tatsächlich, als Jogger verkleidet, dreimal täglich durch die gräflichen Grünanlagen. Gewann Malte daran auch allmählich Gefallen, waren seine Streifengänge im Laufschritt, ermittlungstechnisch betrachtet, von wenig Erfolg gekrönt. War es denn überhaupt zu erwarten, dass der Täter zurückkehren würde, wenn er seine Rechnung mit de Loewe ein für allemal beglichen hatte?

Eine Woche später klingelte schon früh morgens das Diensthandy, kaum dass Stedehöft sein Büro betrat. Es war der Staatsanwalt aus Aurich, der sich kurz nach dem Stand der Ermittlungen erkundigte. Für morgen habe man eine neuerliche Pressekonferenz einberufen. Stedehöft berichtete knapp und wahrheitsgemäß und als er geendet hatte, blieb es auf der anderen Seite für einige Zeit still. „Wie ich Ihren Worten entnehme", schloss der leitende Justizbeamte, „wächst sich die ganze Sache zu einem wahren Sisyphus-Unternehmen aus. Wir sollten die Akte möglichst bald schließen, bevor Sie noch tiefer einsteigen! Vielleicht war das Ganze am Ende doch nur ein bedauerliches Unglück, die Erkenntnisse der Pathologie sprechen sehr dafür, wie ich meine. Und wer weiß, vielleicht wollte unser Juristenkollege mit seinem halsbrecherischen Sprung ins Ruderboot nur seinem Feinsliebchen imponieren und sie zum Ende des Konzertes galant am Schlossparkufer aufnehmen und in die Nacht entführen? Die Frau erwartete ihn doch im Park, oder?"

Dieses Telefonat lag nun drei Tage zurück, die *Schlosspark-Serenade* schon mehr als vier Wochen. Der Fall war offiziell eingestellt. Doch konnte Stedehöft nicht von seiner Gewohnheit lassen, seinen Tag mit einem Spaziergang durch den englisch geprägten Landschaftspark ausklingen zu lassen. Gerade heute, wo er am *Altar der Seligen* wieder mit der Oldenburger Kriminalpsychologin Dr. Gesa Nordholt verabredet war. Sie, die zugleich ein Ohr für seine privaten Qualen hatte und ihm Sätze aufgab, die in seinem Unterbewussten weiterwirkten und ihm das Vertrauen zurückgaben, das er seit seinen Bremer Tagen so schmerzhaft vermisste. Und diese Sätze waren es auch, die seine Sicht auf den Fall in ein gänzlich anderes Licht setzten.

Er wartete schon eine kleine Weile, bis auch Gesa Nordholt die Parkbank an der südwestlichen Ecke des *Großen Parterres* erreichte und sich nach kurzem Gruß wortlos neben ihn setzte.

„Weißt du noch, Gesa, wie du sagtest, ein Mord passe gar nicht zu diesem romantischen Park?", fragte er flüsternd. Und als die Befragte still nickte, fuhr er fort: „Gestern Abend habe ich Malte und Kromminga kurzentschlossen zum Essen eingeladen bei einem Italiener in Norddeich. Es war ein sehr unterhaltsamer Abend, bis Malte entdeckte, dass eines der Landschaftsbilder verkehrt herum an der Wand hing. Wir wurden neugierig und als wir den Kellner befragten, was es mit dem kopfstehenden Gemälde auf sich habe, sagte er nur, das sei eine längere Geschichte. Aber das Herz des Inhabers sei wieder frei und so erführen es auch seine weiblichen Gäste! Detert erzählte hierauf, dass es auch in Ostfriesland eine solche Geheimsprache gegeben hätte – in der Zeit, wo selbst das Telefon noch nicht selbstverständlich war in jedem Haushalt. Er wusste von einer verheirateten Frau in der Nähe von Emden zu berichten, die ein Geschirrhandtuch über die Hecke hing, um ihrem Liebhaber zu sagen, ihr Mann sei auf dem Feld und die Luft sei rein!" „Eine romantische Vorstellung in unserer schnelllebigen Zeit", folgerte die Psychologin. „Ja, und stell dir vor, vor ein paar Tagen erzählte der Parkführer von den Inseln, die es im Park gibt. Neben der *Insel der Seligen*, als Begräbnisstätte der Familie, gebe es auch eine *Bienen-* und eine *Waschinsel*. Und da begriff ich, was ich übersehen hatte."

Stedehöft zog einen Plan des Schlossparks aus der Jackentasche, entfaltete ihn und zeigte auf ein Gebäude. „Das Kindermädchen hat ja nur von den Bewohnern der Vorburg gesprochen. Die alten Stallungen führen aber auch zu der dahinter liegenden *Waschinsel*, und das ehemalige Waschhaus, das man von der Straße aus besser erkennt als hier im Schlosspark, wird heute ebenfalls vermietet. Und so erklärt sich auch, wie der Täter ungesehen auf den Platz der Vorburg gelangte! In dem Haus leben zwei Referendarinnen der Hager Grundschule und ich war heute noch mal in dem Fotoarchiv und habe tatsächlich ein Bild gefunden, in dem ein Kleidungsstück im Geäst eines Baumes der *Waschinsel* hing!"

Als Stedehöft eine Viertelstunde später die Klingel am Waschhaus betätigte, erschien eine wunderschöne junge Frau im Türrahmen. Doch sie wirkte zerbrechlich und abgemüht, was ihre luftige weiße Leinenbluse zusätzlich unterstrich. Nachdem die Beamten eingetreten waren, mussten sie keine Fragen mehr stellen, sondern erfuhren von einer geheimgehaltenen Affäre und einem verhängnisvollen Streit am Abend der Serenade. Kennengelernt hatte man sich bei einer Spendenübergabe im Klassenzimmer.

„Es war wie ein wunderbares Spiel, von dem niemand etwas wissen sollte. Mein Gott, wie verliebt und wie naiv ich war … Daher haben wir uns mit geheimen Zeichen verständigt, er fuhr ja jeden Abend an unserem Haus vorbei und wenn meine Mitbewohnerin zu ihren Eltern fuhr oder aus war, brannte eine Kerze oder ein seidener Morgenmantel hing in einem Baum." Tränen rannen über ihre Wangen.

„Aber er", sie schluchzte, „er, der so viel von Sensibilität sprach, hatte nur Mitgefühl für sich selbst. Ich musste ein Geheimnis bleiben, weil er uns beide von Anfang nicht ernst nahm und ich nur eine Episode bleiben würde. Er hat meine Gefühle so missbraucht! Und ich fragte mich schon vor der Serenade, ob es nicht endlich an der Zeit wäre, unsere Beziehung öffentlich zu machen. Aber die Einladung blieb aus … und so schlich ich mit dem Fernglas hinüber zur *Bieneninsel.* Und da sah ich ihn mit dieser neuen Frau an seiner Seite! Ich war rasend vor Eifersucht und gab ihm ein Zeichen. Ich wartete im Schutz der Stallungen und als er endlich in die Vorburg schritt, waren wir plötzlich ganz allein – im Dämmerlicht. Aber ich erkannte ihn nicht wieder, er hatte mich schon seit Monaten hinters Licht geführt – und hätte mir schon längst die Trennung erklären wollen! Dabei war ich seit fünf Wochen schwanger, was er nicht wusste! Mich überkam eine solche Wut, dass ich ihn nicht mehr sehen wollte und ihn von mir wegstieß. Er verlor den Halt und stürzte! Ich dachte zuerst, es sei nicht so schlimm, aber bald packte mich das Grauen und ich lief die wenigen Schritte bis zur Stalltür."

Als sie etwas später zusammen mit Malte Jahn in der Vorburg standen, drückte Stedehöft die junge Frau unvermittelt an sich, bevor er die formellen Worte sprach, die sie zu einer Gefangenen machten. Was er der Presse sagen würde, wusste er nicht, selbst für den Strafrichter in Norden würde es eine emotionale Verhandlung geben. Die Zeiten änderten sich, dagegen konnte auch eine Sommerserenade nichts ausrichten.

„Sie ist ein hoffnungslos romantischer Mensch", flüsterte Gesa Nordholt, als Malte Jahn die Gutgläubige zum Streifenwagen führte. „Dass es so etwas noch gibt", staunte Stedehöft. Doch als er ihr bei diesen Worten nachblickte, erkannte er in ihrem Gang etwas Würdevolles – und vielleicht lag das gar nicht an der herrschaftlichen Umgebung dieser Vorburg.

Schloss Lütetsburg

Landkreis Aurich

Das Lütetsburger Schloss war von einem „wüste gewordenen“ Barockgarten umgeben, bevor Edzard Mauritz Freiherr (später Graf) zu Inn- und Knyphausen von 1790 bis 1813 daraus eine feinsinnig geplante Parklandschaft im englischen Stil machte. Seine oft traurige Lebensgeschichte hat die Gestaltung beeinflusst und so ist der 30 Hektar große Schlosspark zugleich ein vorzügliches Beispiel für die europäische Gartenkunst und die Gartentherapie. Nach dem viel zu frühen Tod seiner geliebten Frau im Jahre 1793 und dem

Das Lütetsburger Wasserschloss aus luftiger Höhe mit der historischen Vorburg im Hintergrund (links) – rechts das frühere Waschhaus. Der Ahnensaal des Schlosses wird von Fürsten-Portraits dominiert (oben).

seiner Lieblingstochter Caroline 1811 war Edzard Mauritz krank vor Trauer. Dies erklärt, warum die Tafeln, Brüstungen und Gebäude im Park im Wesentlichen dem Gedenken dienen. So erinnert die „Carolinen-Insel“ an seine Tochter, der „Unico-Hügel“ an den Schlossgründer Unico Manninga, eine altar-ähnliche Rundmauer aus Stein ist der „Göttin mit der Rosenwange“ – sprich der Gesundheit – gewidmet, außerdem findet man die gräfliche Begräbnisstätte „Insel der Seligen“ und den „Freundschaftstempel“ für den Berliner

Der Johann Ludwig Ransleben gewidmete Freundschaftstempel im vorderen Parkbereich dient heute auch standesamtlichen Trauungen.

Oberfinanzrat und engen Freund Johann Ludwig Ransleben, in dem seit 2007 auch Brautpaare standesamtlich heiraten können. Schon im 19. Jahrhundert besuchten den Park berühmte Persönlichkeiten wie der spätere Reichskanzler Fürst von Bülow, und der Romancier Theodor Fontane widmete „Lütetsburg" am 12. August 1882 gar ein Gedicht, in dem es heißt: „Ein uraltes Schloss am Meeresstrand; ein herrlicher Park im baumlosen Land...". Besonders beeindruckend unter den 150 verschiedenen Baum- und Straucharten aus aller Welt ist die jährliche Rhododendron- und Azaleenblüte von Mai bis Juni.

Der Bau des ursprünglichen Schlosses geht zurück auf den ostfriesischen Häuptling Lütet Manninga. Dieser verlor zwischen 1373 und 1377 sein Stammhaus in Westeel in der Leybucht aufgrund verheerender Sturmfluten und ließ den in Familienbesitz befindlichen „Uthoff" zur Wehranlage „Lützborch", also Lütets Burg, ausbauen. Ein Nachfahre, Unico (oder friesisch Onneke) Manninga, erbaute in den Jahren 1557 bis 1576 ein Wasserschloss mit einem zusätzlichen Torturm zwischen Hauptgebäude und der durch Wasser getrennten Vorburg. Im Jahre 1588 gelangte das Schloss durch Heirat der Erbtochter Hyma Manninga an den Reichsfreiherrn Wilhelm von Inn- und Knyphausen aus dem Jeverland. Weitere bedeutende Schlossherren folgten, so etwa Dodo zu Inn- und Knyphausen (1583–1636), der im Dreißigjährigen Krieg als Feldmarschall in Diensten des Schwedenkönigs Gustav Adolf stand.

Am 28. Dezember 1893 fiel das 1677 im Stil des Barock wiedererbaute Schloss den Flammen zum Opfer, nachdem eine Papierrose am Weihnachtsbaum der Familie in Brand geraten war. 1894 bis 1896 wurde es im niederländischen Renaissance-Stil neu errichtet. Vier Bomben trafen das Gebäude im Zweiten Weltkrieg, und nach einem Großfeuer am 22. März 1956 wurde das Schloss in modernerem Stil neu erstellt. Von den Vorgängerbauten ist nur die langgestreckte Vorburg erhalten geblieben.

Bis heute ist das östlich der Stadt Norden gelegene Schloss im Besitz der gräflichen Familie zu Inn- und Knyphausen. Nach dem Tod seines Vaters im Jahre 2004 übernahm Tido Graf zu Inn- und Knyphausen zusammen mit seiner Frau Margareta die Verwaltung des Besitzes. 2009 eröffnete er neben dem Schlosspark die 18-Loch-Golfanlage Schloss Lütetsburg. Außerdem ließ er das Schlossparkcafé renovieren und öffnete den ganzjährig besuchbaren Park für Großveranstaltungen wie die „Lütetsburger Schlosspark-Serenade", die ländliche Lifestyle-Messe „Lütetsburger Herbst" oder auch für Freilicht-Gottesdienste. Das Wasserschloss selbst ist dagegen nicht zu besichtigen.

Mit Säulen, Tafeln und Brüstungen schuf Parkbegründer Edzard Mauritz Graf zu Inn- und Knyphausen Orte des stillen Gedenkens.

Blick vom Schlossturm auf das Große Parterre mit dem Publikum der „Lütetsburger Schlosspark-Serenade".

Norderburg

Manfred Reuter

Thedas Traum

Der samtene Umhang reichte bis zu den Knöcheln, blutrot und so schwer, dass er Thedas schmale Schultersilhouette vor eine arge Prüfung stellte. Und so musste sie sich einmal mehr tief ins Bewusstsein rufen, als Frau ihres Standes immerzu Haltung wahren zu müssen. „Denn als Gräfin im Weißen Schloss zu Dornum trägt man zwar mitunter schwer an der Bürde des Amtes, doch dass ich wegen der Last eines Kleidungsstücks die Flügel hängen lasse, wird keiner meiner Untergebenen jemals erleben", raunte Theda in sich hinein und schritt weiter aufrechten Hauptes durch die stolze Allee. Als ein junges Pärchen kichernd an ihr vorbeilief, warf sie ihr pechschwarzes, schulterlanges Haar in den Nacken. Die schmalen, roten Lippen geschürzt, die Augen geschlossen – ebenso erhaben wie ahnenstolz, fauchte sie, dass man es weithin hörte: „Niederes Gesinde. Hinfort mit euch!"

Ihre goldenen Ohrringe blitzten auf, genauso die kirschkerngroßen Bernsteinknöpfe des Umhangs und die frisch polierten, silbernen Schnallen ihrer roten Schuhe, als die letzten Strahlen der Abendsonne den Schlossplatz endlich in warmes Licht tauchten. Ein traumhaft schöner Tag neigte sich dem Ende zu. Er hatte – wie die meisten seiner Kollegen – Tausende von Touristen kommen und gehen sehen, alle staunend ob der Schönheit und der Strahlkraft des Schlosses und dessen malerischer Umgebung.

Nun, da es leise geworden war, schlug Thedas Stunde. Nahezu jeden Abend sah man sie kurz vor Sonnenuntergang, wie sie die Allee durchschritt, sich auf das Schloss zubewegte, die stolz wachenden Löwen am prächtigen Wassergraben milde grüßte und diese dabei immerzu wie Bedienstete, die es als Verbündete zu gewinnen galt, umgarnte. Es war stets dasselbe Ritual: Theda baute sich vor ihnen auf, erst links, dann rechts, legte anschließend die Hand an die jeweilige Mähne und hauchte: „Dum spiro spero, solange ich atme, hoffe ich.“ Auch heute tat sie dies, während ein junger, breitschultriger Mann an ihr vorbei ins Schloss lief. Theda starrte ihn an, in ihre blauen Augen trat heller Glanz. Ihre Hände zitterten, ihre Lippen öffneten sich, sie schien entrückt – noch ein klein wenig mehr als ohnehin. Ja, in der Tat, es war Edzard, seit etwas mehr als drei Jahren Lehrer an der Realschule, deren unfassbares Privileg es war, das Schloss zu Dornum als Heimstätte ihrer Lehr- und Lernarbeit angeben zu dürfen.

Dies alles focht Theda nicht an. Edzard Mennenga, der Strahlemann, der Vorzeigelehrer, frisch vermählt mit Efke, ebenfalls zum erlauchten Lehrpersonal der ehemaligen Norderburg gehörend, wusste um die Macken Thedas, die, wie man in der Herrlichkeit gemeinhin zu sagen pflegte, liebenswert und ungefährlich war, aber ganz offenkundig ein zweites Ich neben sich gehen hatte. „Lütet“, rief sie Edzard nach. „Lütet. So bleibe er doch stehen und höre mich an. Ich bin es, die dich liebet. So lasset die andere, sie bringet kein Glück. Fata viam invenient, das Schicksal findet seinen Weg.“ Als Theda diese letzten Worte sagte, ja fast schon stöhnte und dabei auf die Knie herabsank, hatte Edzard bereits in seinem Klassenraum in der oberen Etage schmunzelnd mit der Vorbereitung des Unterrichts für den kommenden Tag begonnen.

In ihrem Zivilleben war Theda stets pünktlich und ebenso adrett wie unauffällig gekleidet. In den vergangenen fünfzehn Jahren ihres bescheidenen Erwerbslebens hatte sie sich noch nicht einen einzigen Fehltag geleistet. Den Anweisungen des Filialleiters im Supermarkt kam die junge Frau immerzu und ohne Murren nach. Schnell aber war klar, dass

Theda, zu Beginn ihrer Tätigkeit zweiundzwanzig Jahre alt, aufgrund oder gerade wegen ihrer Hochbegabung nicht für die Kasse taugte. Die meisten Kunden zeigten nämlich dafür, dass Theda ihre Ware für mathematische Experimente nutzte, kein Verständnis. Mit der Präzision und Schnelligkeit einer computergesteuerten Handfeuerwaffe wickelte sie das Geschäft ab. Theda ignorierte dabei den Scanner, der in ihren Augen sowohl zu träge als auch zu fehlerhaft wirkte, nahm stattdessen die einzelnen Artikel mit der Hand vom Band und rechnete den Gesamtpreis im Kopf aus, dass einem schwindlig werden konnte. Nicht einen einzigen Fehler leistete sie sich; allerdings pochten fast alle Kunden auf einen Kassenzettel, denn was sie soeben erlebt hatten, wollten sie schriftlich. Punkt für Punkt. Die durch die jeweiligen Diskussionen verursachten Staus am Warenband sorgten, wie könnte es anders sein, für Unmut und Irritation gleichermaßen.

Als Theda ob ihrer nicht vorstellbaren Rechenkünste nach mehreren Testläufen außerhalb der Öffnungszeiten vor versammeltem Personal – sogar der Bürgermeister und der Dorfpfarrer waren anwesend – den Scanner erneut und gleich mehrfach zum schnöden Statisten degradiert hatte, sie aus den Zwischensummen zudem immer mal wieder gern die Wurzel zog und ausrechnete, wie viele Primzahlen die jeweiligen Schlusssummen enthielten, wurde sie entlassen. Erst als sie sich in der Zentrale beschwerte und zur Verblüffung des eigens herbeigeeilten Bezirksleiters berechnete, mit wie viel Personal weniger die Filiale auskäme und wie hoch die Energiekosteneinsparung wäre, wenn das Transportband an der Kasse ein, zwei Millimeter pro Sekunde schneller liefe als gewohnt, wurde sie wieder eingestellt; allerdings nicht an der Kasse, sondern als Hilfskraft zum Regaleinräumen. Damit war Theda zufrieden. Sie machte sich fortan einen Spaß daraus, die Preise der Artikel, die sie anfasste, hochzurechnen und dass sie so mühelos sagen konnte, was ein Kunde, würde er beispielsweise die komplette Reihe an Haarshampoo, Kartoffelpüree und Magenbitter kaufen, bezahlen müsste.

An dem darauffolgenden Juni-Abend durchschritt Theda erneut die Allee. Sie atmete die warme Dämmerung und den Duft von feuchtem Moos und frischem Buschwerk, trat zu den Löwen, streichelte ihre Mähnen und sprach mit fester Stimme: „Dum spiro spero, solange ich atme, hoffe ich." Dann schritt sie weiter, raffte den Umhang, dass man die weißen Knöchel sah und nahm die Stufen zum Steg, setzte sich in den Kahn und verschwand im Dunkel des Burggrabens. In den Bäumen hockten die Krähen, finstere Gesellen in nicht zu bestimmender Anzahl, die scheinbar dösend wie lechzend die Szenerie beobachteten und infernalisch krächzend aufflogen, als ein pausbäckiger Junge einen faustdicken Stein in den Burggraben warf. Das Geschoss verfehlte Theda nur um wenige Zentimeter, weithin hörte man sie rufen und zetern: „Hinweg, unnützes Gesinde. Wartet ab, wenn Lütet der Meine ist, dann werdet ihr eure gerechte Strafe erfahren."

Mittlerweile lag das hochehrwürdige Gebäude im tiefen Dunkel der Nacht. Und auch zu dieser späten Stunde war das Schloss nicht unbelebt. Im spärlichen Licht des Klassenraums am Rande des Torbogens sah man Edzard, wie er mit Büchern hantierte, Stühle verschob und Tische rückte. Ein neues Projekt schien anzustehen, eine Aufgabe, der sich der junge Pädagoge mit der ihm eigenen Sorgfalt und Motivation anzunehmen schien. Unter den Bäumen des Schlossplatzes stehend, wirkte Edzards zuckender Schattenriss geheimnisvoll; wer nicht wusste, dass dort um diese Zeit noch eine Lehrkraft Hand anlegte, hätte Edzard leicht für einen geheimnisvollen Eindringling halten können. Doch nicht selten gesellte sich ein zweiter Schatten hinzu, ganz, ganz nah.

Theedas Schrei schnitt wie ein ohrenzerreißender, greller Peitschenhieb in die Stille der Nacht. Sie hatte den Kahn längst verlassen, war über den Schlossplatz spaziert und stand auf der Brücke über dem Burggraben in der Absicht, am Tor zu klopfen und um Einlass zu bitten, als sie die Tote entdeckte. Ein abscheulicher Anblick: Der Kopf extrem nach hinten gestreckt, die Kehle glatt durchschnitten und die Stirn zudem mit einem spitzen Gegenstand malträtiert. Erst als Theda sich vorbeugte und auf die Knie ging, sah sie, wie das Blut aus dem Hals herausströmte und zwischen den Bohlen hindurch in den Burggraben tropfte. Diese Untat konnte erst vor wenigen Minuten geschehen sein, das war selbst Theda klar, die nun erst erkannte, dass es sich bei der Ermordeten um Efke, Edzards Frau, handelte.

Als Edzard herbeigeeilt war und sich vor seine blutüberströmte Frau beugte, sie schüttelte und immer wieder lautstark ihren Namen rief, dass es einem die Gänsehaut auf den ganzen Körper treiben konnte, hatte Theda sich wieder aufgerichtet. Kerzengerade wie unbeugsam stand sie vor der Toten: „Omnis amans amens (Jeder Liebende ist verrückt)“, sagte sie, schaute auf Edzard herab und flüsterte ihm zu: „Nun bist du frei für mich, mein Lütet. Erweise deiner Efke die letzte Ehre und dann lass mich einziehen in dein Schloss. Roma locuta, causa finita (Rom hat gesprochen, der Fall ist abgeschlossen).“

Für Hauptkommissar Hauke Onnen war rasch klar, dass Theda nicht nur im Blickpunkt seiner Ermittlungen zu stehen hatte, sondern sie noch am Abend festzunehmen war. Da reichten ein paar wenige Bemerkungen Edzards, den der Fahnder – so gut dies eben möglich war – unmittelbar nach seinem Eintreffen am Tatort zur Sache befragt hatte, aus. Am anderen Morgen meldete sich zudem der Schüler, der mit hochroten Ohren gestand, am Tatabend einen Stein nach Theda geworfen zu haben, weil diese sich wieder einmal um das Schloss herumgetrieben habe.

In der Tat erstreckte sich der einzige Verdacht auf Theda. Der Haftbefehl war reine Formsache, die Vernehmungen indessen mehr Posse als Polizeiarbeit. Im Vernehmungsraum der Auricher JVA war Theda stets mit weißer Robe erschienen, als Zeichen, wie sie sagte, ihrer Unschuld, wenngleich sie darauf bestand, rechtmäßigen Anspruch auf eine Verehelichung mit Lütet zu besitzen. Immer wieder legten Hauke Onnen und sein Kollege Arno Saathoff minutenlange Vernehmungspausen ein, baten Theda eindringlich darum, ihr ödes Spiel auf Kosten der Geschichte des altehrwürdigen Burgfleckens endlich aufzugeben und ihnen wenigstens zu sagen, wo sich die Tatwaffe befände. Denn auch diesbezüglich tappten die Fahnder nach wie vor im Dunkeln. Alle Bemühungen von Tauchern, aus dem Burggraben ein Messer herauszufischen, scheiterten. „Mein Gott, bei Ihrer Intelligenz. Seien Sie doch bitte nur für ein paar Minuten vernünftig, und wir haben es hinter uns", beschwor Onnen die reglos auf die kahle Wand starrende Frau. Doch Theda blieb bei ihrer Aussage, immer und immer wieder und in gleicher Körperhaltung wiederholte sie: „An meiner Robe klebt kein Blut. Es kam, wie es kommen musste. Ich habe es seit Jahren so vorhergesagt. Auch meine Mutter, die Gräfin vom Bollwarfsweg, weiß es: Lütet gehöret mir. Fata viam invenient (Das Schicksal findet seinen Weg)", erklärte sie und schaute Onnen dabei stets tief und lang anhaltend in die Augen, bis der sich kopfschüttelnd von ihr abwandte und wortlos den Raum verließ.

„Natürlich hat meine Tochter ein Recht darauf, Lütet zu ihrem Manne zu nehmen." Als Foelke Ockenga, Thedas Mutter, dies in ihrer Wohnung im Dornumer Bollwarfsweg zu Protokoll gab, hielten Hauptkommissar Onnen und sein

Kollege Arno Saathoff für ein paar Sekunden die Luft an. Mit einer derart verqueren Aussage hatten sie nun wirklich nicht gerechnet, zumal es keinerlei Hinweise darauf gab, dass auch Thedas Mutter psychisch instabil war. Sie saßen in der Küche, in der es nicht nur nach modrigem Teppichbelag, sondern auch nach alter Kleidung roch. Über dem Tisch baumelte an der Lampe ein beachtlich frequentierter Fliegenfänger, im Aschenbecher kokelten Tabakreste in einer Pfeife mit plattgekautem Mundstück. „Ja, ja, Herr Kommissar. Ich weiß, wie Theda denkt, und ich kenne sie in- und auswendig. Sie liebt ihren Lütet. Da gibt es keinen Zweifel. Da ist es schon recht, dass es die Nebenbuhlerin erwischt hat. Wahrscheinlich ist sie gar nicht erstochen, sondern vom Blitz getroffen worden“, raunzte Foelke, zog zischend ihr Nasensekret in die Stirnhöhle und griff zur Pfeife.

Onnen rümpfte die Nase: „Frau Ockenga. Wann haben Sie zuletzt Ihre Wohnung verlassen?“

„Das ist schon viele Jahre her. Was soll ich da draußen? Die Leute werden immer verrückter, das ist nicht meine Welt.“ Dann stand Foelke auf, wandte sich den Ermittlern zu und sagte, nachdem sie schmatzend an der kalten Pfeife gesogen hatte: „Jetzt gehen Sie bitte. Ich kann Ihnen nicht helfen. Meine Tochter lassen Sie bitte frei. Sie ist unschuldig.“

Es störte die Ermittler keineswegs, dass Foelke sie aus dem Haus komplimentiert hatte. Der zunehmende Geruch hatte ihnen nach den vollkommen absurden Einlassungen von Thedas Mutter ohnehin den Rest gegeben. „Ich hoffe, dass wir dieses Haus nie mehr betreten müssen“, sagte Hauptkommissar Onnen und griff zum vibrierenden Handy. Die Nachricht, dass eine Schülerin am Rande des Burggrabens einen dorthin abgedrifteten Kahn entdeckt hatte, in dessen Seitenplanke ein vierzig Zentimeter langes Küchenmesser steckte, trieb dem hoch aufgeschossenen Fahnder mit den roten Locken den Schweiß auf die Stirn. „Mir ist zwar so ziemlich klar, wer hier Hand angelegt hat, aber sicher ist sicher", rief Onnen seinem Kollegen zu, der den Wagen bereits gestartet hatte, um das Messer möglichst rasch persönlich in Augenschein nehmen zu können.

Am anderen Vormittag bei strahlendem Sonnenschein: „Hättest du das gedacht?" Hauke Onnen hatte sich vor dem linken Löwen am Schlosseingang auf den Hosenboden gesetzt. Er drehte sich eine Zigarette, die erste nach einem halben Jahr. „Jetzt gönne ich mir noch mal eine – auf den Schreck", rief er Arno Saathoff zu, der Onnens Gehabe milde lächelnd, aber kopfschüttelnd quittierte.

„Man kann sich halt täuschen, obwohl es wahrscheinlich weder Theda noch ihrer Mutter etwas ausgemacht hätte, die nächsten Jahre in der Geschlossenen zu verbringen", entgegnete Saathoff. Dann drehte er sich Richtung Schlossplatz und flüsterte: „Spurensuche, Fingerabdrücke bestimmen. Das ist ja mit das erste, was du auf der Polizeischule lernst. Und auch diesmal haben Fingerabdrücke die Wahrheit an den Tag gebracht. Was für ein Glück, dass wir die Tatwaffe haben und die Ergebnisse so eindeutig sind."

„Und alle dachten, die beiden wären so verliebt. Junges Glück. Edzard, der Überpädagoge, und Efke, die quirlige Frau und Kollegin an seiner Seite. Doch er schien sie gehasst zu haben. Sonst wäre er zu einer solchen Tat nicht fähig gewesen."

„Oder er hat im Affekt gehandelt."

Und tatsächlich: Nachdem die Beweislage klar war, hatten sich Hauptkommissar Onnen und sein Kollege Saathoff sofort auf den Weg von Aurich nach Dornum gemacht, um Edzard Mennenga am frühen Morgen in seiner Wohnung am Galgenhügel festzunehmen. In seinem umfassenden Geständnis legte er dar, dass er Efke schon seit Monaten mit einer anderen Frau betrogen hatte. Seine abendlichen

Aufenthalte in der Schule seien ihm da stets zupass gekommen. Da Efke damit drohte, die Sache vor der Schulleitung öffentlich zu machen, habe er gleich gehandelt, blind vor Wut und liebestrunken.

Onnen war mittlerweile wieder aufgestanden. Er lehnte überm Brückengeländer, blies den Zigarettenqualm aus und ließ seine Kippe in den Graben fallen. Er gähnte, als Saathoff ihm mit dem Finger auf die Schulter tippte und mit dem Kopf Richtung Schlossallee wies. Da erschien, in tiefschwarzem Umhang, Theda. Sie schritt ebenso souverän wie gleichgültig vor die beiden Fahnder, trat dann zur Seite, um zunächst die Löwen zu begrüßen. „Dum spiro spero", sagte sie. „Solange ich atme, hoffe ich." Dann wandte sie sich den Ermittlern zu: „Ich bin Ihnen nicht böse. Ich hätte genauso gehandelt. Natürlich war ich die Hauptverdächtige. Ich werde Ihnen allerdings nicht verzeihen, dass Sie mir Lütet genommen haben. Er wollte mich zwar nicht zu seiner Gemahlin, aber er war wirklich ein wunderbarer Liebhaber."

Norderburg Dornum
Landkreis Aurich

Mit der Wester-, der Oster- und der Norderburg gab es um 1400 drei Burgen in der „Herrlichkeit Dornum". Die Westerburg wurde während der „Sächsischen Fehde" (1514–1517), einer kriegerischen Auseinandersetzung zwischen dem ostfriesischen Grafen Edzard I. und Georg von Sachsen, zerstört und nicht wieder aufgebaut. Von der einstigen Dreiflügelanlage der Osterburg sind zwei Flügel erhalten. Das zweigeschossige Torhaus der Burg wurde 1567 von Häuptling Folkmar Beninga errichtet – auch trägt die schmucke Anlage inmitten

Die Norderburg wurde zwischen 1698 und 1707 zu einem prächtigen Barockschloss niederländischer Prägung ausgebaut (links). Erbauer Haro Joachim von Closter ließ auch Wappenlöwen meißeln (oben).

von Dornum seither den Namen „Beningaburg“. Sie lädt in heutiger Zeit als Hotel- und Gastronomiebetrieb dazu ein, in historischem Ambiente zu logieren oder zu speisen.

Bauherr der Norderburg war vermutlich Olde Hero von Dornum, dessen Sohn und Erbe Lütet mit Ocka tom Brok verheiratet war. Um 1420 gelangte die Burg durch Heirat von Lütets Tochter Etta mit Mauritz Kankena in den Besitz der Familie Kankena. Während der „Sächsischen Fehde“ geplündert und geschleift, ließ Hicco Kankena 1534 die Norderburg

In den Räumlichkeiten der Vorburg und des Schlosses lernen heutzutage Schüler fürs Leben. In den Sommerferien gibt es dort Kunst zu sehen.

aus Backsteinen im Klosterformat wiedererrichten – eine Steintafel über dem westlichen Innenhofportal macht das augenfällig. 1556 ging die Norderburg in den Besitz der Familie von Closter über und blieb es bis ins 18. Jahrhundert. Haro Joachim von Closter (1661–1728) baute die Burg ab 1698 zu einem repräsentativen Wasserschloss um – im schlichten Stil des niederländischen Barock – und ließ den Park anlegen. Er war es auch, der den Spruch „Neid ist mir lieber als Mitleid" über dem Torbogen im inneren Schlosshof verewigen ließ. 1707 ließ der Herrlichkeitsbesitzer außerdem über der Vorburg das heutige Wahrzeichen Dornums errichten: einen 30 Meter hohen Turm, der seinem Domizil fortan ein stattliches Entree bot. 1721 brannte der Nordflügel des Schlosses nieder und musste neu aufgebaut werden. Späterhin wechselte das Wasserschloss mehrfach den Besitzer. 1942 ging es in staatliches Eigentum über, nach dem Zweiten Weltkrieg kam es in den Besitz des Landes Niedersachsen. 1951 wurde die Anlage zum Schulgebäude, seit 1956 ist dort eine öffentliche Schule untergebracht – heute die Realschule.

Nach mehrfacher Restaurierung durch das Land Niedersachsen offenbart das historische Gemäuer sein ursprüngliches Äußeres. Und auch in seinem Innern wird Geschichte anschaulich: Sehenswert ist der Rittersaal, ein zweistöckiger Raum mit Galerie und barocken, auf langen Leinenbahnen entstandenen Deckenmalereien. Sie zeigen in einer Szene Demeter, die Göttin der Fruchtbarkeit und der Erde. Ebenfalls zu sehen: zwei barocke Gemälde, das eine zeigt den einstigen Burgherrn Hero Mauritz von Closter (1594–1673) mit seinen vier Söhnen und das andere seine Gemahlin Almuth von Fridag (1604–1650), die sich mit ihren drei Töchtern darstellen ließ. Dass das Dornumer Schloss in die ostfriesische Geschichte eingegangen ist, ist nicht zuletzt auf ein blutrünstiges Ereignis zurückzuführen, das sich 1397 zugetragen haben soll und Stoff für ein Historienspiel mit dem Titel „Quade Foelke" lieferte: Lütet, der Sohn des Erbauers der Norderburg, soll seine Frau Ocka ob ihrer angeblichen Untreue erschlagen haben und zu der Tat von seiner Schwiegermutter Foelke Kampana angestiftet worden sein. Foelke, Frau des Häuptlings Ocko II. tom Brok, soll dann die Norderburg übernommen und Lütet und dessen Vater enthauptet haben.

Alljährlich während der Sommerferien veranstaltet der Verein „Kunst- und Kulturfreunde Dornum und Umgebung" im Schloss die internationalen „Kunsttage" – eine Ausstellung, die seit mehr als zwanzig Jahren zu den kulturellen Schwerpunkten Ostfrieslands zählt. Zum Veranstaltungsprogramm im Sommer zählt auch das mittelalterliche Ritterfest, bei dem sich rund um den Prachtbau zahlreiche Gaukler und Ritter mit ihren Trossen niederlassen. Auch stimmungsvoll: der kleine, aber feine Weihnachtsmarkt vor dem illuminierten Schloss.

Ein Spaziergang durch die Parkanlage der Norderburg lohnt sich – egal zu welcher Jahreszeit.

Das Ritterfest rund um das Dornumer Schloss macht alljährlich Geschichte erlebbar – ein Spektakel, das zahlreiche Besucher fasziniert.

Schloss Jever

Désirée Warntjen

Marienläuten

Er war zu spät gekommen. Das Marienläuten, das Guntram Tuilfs bei seinem Eintreffen in Jever so gerne vernommen hätte, war bereits verklungen, als er mit seinem Sportwagen von der Schlossstraße auf den Parkplatz vor dem Hotel „Oldenburger Hof" einbog.

Allabendlich erinnerten die Glockenschläge an Jevers einstige Herrscherin, das Gnädige Fräulein Maria, die berühmte Häuptlingstochter, die im 16. Jahrhundert das Jeverland mit politischem Geschick und großer Weitsicht regiert und vor einer Übernahme durch die Ostfriesen bewahrt hatte. Als sie 1575 kinderlos verschied, wurde das Jeverland unter den Schutz des Oldenburger Grafen gestellt. Bis zum Eintreffen Johann VII. galt es deshalb, den Tod Marias vor den Ostfriesen geheim zu halten. So entstand unter den Jeverländern die Sage, Fräulein Maria sei mit den Worten „Ich komme wieder!" in die unterirdischen Gängen entschwunden. Damit sie den Weg zurück zum Schloss finden kann, läutet die Marienglocke nun seit Jahrhunderten an jedem Abend, im Winter zur neunten, im Sommer zur zehnten Stunde. Die Uhr am Armaturenbrett zeigte 22:17 Uhr, und Guntrams Euphorie, die seine Vorbereitungen auf die morgen beginnende Jahrestagung der „Historischen Kommission für Niedersachsen und Bremen" begleitet hatte, wurde gedämpft.

Doch beim Aussteigen fiel sein Blick auf das erleuchtete Schloss mit dem berühmten Zwiebelturm und sein Hochgefühl stieg wieder.

Morgen Abend würde der Historiker im Rahmen der Tagung seine jüngste Buchveröffentlichung „Amalie von Fliergg – Hofdame der Fürstin Friederike Auguste Sophie von

Anhalt-Zerbst“ im Schloss erstmals öffentlich vorstellen können und für seine langjährige, akribische Recherche die ersehnte Aufmerksamkeit erhalten.

Im Hotelzimmer setzte Guntram sich ans Fenster mit Aussicht auf den nächtlichen Alten Markt und schlug das in Leinen gebundene Buch auf, das nach frischem Druck und Erfolg duftete. Amalie von Flieregg, geborene von Gaziz – welch eine Frau, welch eine Geschichte!

Die Schweizerin hatte, bevor ein Kutschenunfall ihr bewegtes Leben auslöschte, im Basler Land ebenso für brisante Handelsgeschäfte gesorgt wie für Skandale und Affären. Zugleich galt sie aber auch als eine der größten Kunstmäzeninnen ihrer Zeit.

Vor dieser beispiellosen Karriere hatte sie gemeinsam mit ihrer Zwillingsschwester Regula dem kleinen Hofstaat der Fürstin Friederike angehört: Die Schwestern begleiteten getreu als Hofdamen die Fürstin, als diese im Sommer 1791 Basel verließ, um sich auf längere Dauer im Schloss Jever einzurichten. Fürst Friedrich August von Anhalt-Zerbst, Gemahl der Fürstin, hatte zu jener Zeit die Herrschaft inne, aber wenig Interesse am Jeverland. Dem Glücksspiel und seinen ganz eigenen Vorstellungen vom herrschaftlichen Leben verfallen, verprasste er sämtliche Einnahmen. So galt es, vieles an den gebeutelten Jeverländern wiedergutzumachen, und dies tat die Fürstin, deren klarer Verstand sie ebenso auszeichnete wie ihre Bildung, ihre Tugendhaftigkeit, ihr Sinn für wirtschaftliches Handeln und ihr Herz für Arme und Bedürftige.

Als der Fürst 1793 starb, erbte seine Schwester Katharina die Große das Jeverland. Die russische Zarin war sich der Talente und des Charakters ihrer Schwägerin durchaus bewusst und setzte sie als Landesverwalterin in Eigenverantwortung mit uneingeschränkter Nutznießung über die Erbherrschaft ein. Inzwischen tobte die Französische Revolution, und im Jahre 1795 gingen in Jever die Blattern um.

Das Jahr 1795 hatte Guntram bei der Sichtung alter Schriften aber noch aus einem ganz anderen Grund fasziniert: in jenem Sommer war die Hofdame Regula von Gaziz auf geheimnisvolle Weise verschwunden. Im Gegensatz zu ihrer Schwester Amalie, deren Liebenswürdigkeit und umsichtiger Fleiß in den fürstlichen Briefwechseln immer wieder Erwähnung fanden, hatte Regula bereits noch zu Basler Zeiten den Beinamen „die Giftmischerin" erhalten, galt als „kapriziös und schwierig", sei aber, wenn auch nur äußerlich, ein absolutes Ebenbild ihrer Schwester gewesen.

Guntram stellte sich in der Stille der Nacht die beiden Schwestern vor, die, wenn auch durch zwei Jahrhunderte getrennt, so nun doch in unmittelbarer Nähe von ihm gewirkt hatten, und ein ehrfürchtiger Schauer erfasste seine kräftige Gestalt. Verschiedenen Quellen hatte er entnehmen können, dass Regula mit einem Ostfriesen durchgebrannt sei. Ein langes Liebesglück war ihr jedoch nicht beschieden – wenige Wochen nach ihrem Verschwinden fand man ihren leblosen Körper in den Mooren vor der Stadt. Ihre Haut sei blau gewesen, hieß es.

In seinem Werk über Amalie von Flieregg hatte Guntram diese unschöne Eskapade eher am Rande erwähnt. Amalie war voller Trauer noch in jenem Sommer in die Schweiz zurückgekehrt und hatte dort fünf Tage nach ihrem Eintreffen den vermögenden Kaufmann Kuno von Flieregg geehelicht, dem sie schon viele Jahre zuvor versprochen war.

Die nun folgende Lebensgeschichte der einstigen Hofdame war historisch kaum aufbereitet worden und hier hatte Guntram ein großes Feld sensationeller Ereignisse gewittert. Die Hochzeit war eindeutig eine Liebesheirat gewesen. Guntram hatte Briefe von Cousinen der Schwestern gefunden, die belegten, dass Amalie und Kuno 1791 unter Tränen voneinander Abschied nehmen mussten, während die Herzen fest zusammenhielten. Und dass Regula das Eheversprechen zwischen der Schwester und dem Kaufmann nicht genehm war und sie die Schwester gedrängt haben sollte, der Fürstin treu und in ihrem Dienst zu bleiben.

Heute würde man sagen, Amalies Heimkehr sei ein Happy End gewesen. Doch die Zeit hatte ihr eigenes Spiel gespielt. Die lange Trennung und die Trauer über die Schwester hatten das Gemüt Amalies derart verändert, dass sich die Eheleute alsbald auseinanderlebten und sich bis zu Amalies Ableben stets in getrennten Räumen aufhielten.

Amalies Biografie war nun auf 320 detailreich geschriebenen Seiten versammelt.

Guntram schlug das Buch wieder zu und legte sich ins Bett.

Er bedauerte es zutiefst, dass es ihm bis zum heutigen Tag nicht gelungen war, in den Besitz eines handschriftlichen Originals von Amalie von Flieregg zu gelangen. Immerhin war er bei seinen Forschungen in der Schweiz auf ein mittelalterliches Rezeptbüchlein gestoßen, das sich in Regulas Eigentum befunden haben sollte. Ein befreundeter Pharmazeut hatte sich einer der Rezepturen angenommen – das Ergebnis war ein hochtoxisches Elixier, von dem der Freund einige Tropfen in eine zeitgenössische gläserne Phiole gefüllt und diese sogleich, ungeachtet ihres antiquarischen Wertes, versiegelt hatte.

Morgen würde die Phiole als spektakuläres Requisit zur Spannung des Vortrags beitragen.

Guntram seufzte beglückt auf, bevor er einschlief.

Die Sonne schien freundlich auf den Schlosshof. Guntram fühlte sich beim Anblick des geschichtsträchtigen Gemäuers, mit seinem Werk in der Tasche und in der Geschmeidigkeit seines Armani-Anzugs schier geadelt.

Entsprechend würdevoll schritt er die elegant geschwungene Holztreppe hinauf zum Audienzsaal. Dort schaute Katharina II. von ihrem Gemälde wohlwollend auf ihn herab, und der Saal war gefüllt mit angeregtem Stimmengewirr und renommierten Historikern, in deren Umfeld sich Guntram immer schon hatte bewegen wollen.

Inzwischen hatte er sein fünfzigstes Lebensjahr erreicht und bot eine optisch eindrucksvolle Erscheinung, aber seine bisherigen Leistungen hatten ihm noch nicht die Tore zum geschichtswissenschaftlichen Olymp geöffnet. Das würde sich heute ändern, dessen war er sich gewiss.

„Herr Tuilfs, welch eine Freude!" Ein schmaler junger Mann mit spitzen Gesichtszügen stand vor ihm und streckte ihm die Hand entgegen. Sie war feucht.

„Pubertärer Anfänger!", dachte Guntram und sagte trocken: „Kennen wir uns?"

„Fritjof Ziersling", beeilte der Jüngling sich vorzustellen. „Wir kennen uns aus Zerbst." Guntram zog die Augenbrauen hoch.

„Vor drei Jahren habe ich Ihnen im Archiv Bände für Ihre Forschungen herausgesucht."

Guntrams Augenbrauen erreichten die Stirnmitte.

„Ich war damals Assistent", setzte Fritjof Ziersling nach. Und ließ etwas Stolz in sein Lächeln einfließen, als er hinzufügte: „Inzwischen habe ich promoviert. Vielleicht haben Sie meine Dissertation über ‚Fürstin Friederike Auguste Sophie von Anhalt-Zerbst und ihr Hofstaat in den Jahren 1791 bis 1806 im Jeverland' gelesen."

Guntrams Augenbrauen senkten sich tief, als er die Augen zusammenkniff. „Nicht, dass ich wüsste", sagte er kurz und hielt Ausschau nach wirklichen akademischen Persönlichkeiten. Sein Blick fiel auf den Vorsitzenden der Kommission, der sich gerade auf die Fürstliche Galerie hinter dem Audienzsaal zubewegte. „Sie entschuldigen!"

Er ging mit großen Schritten durch den Saal, doch Fritjof Ziersling blieb an seiner Seite. „Herr Tuilfs, ich habe etwas Wundervolles bei mir, das auch Sie sicher interessieren wird."

„Mein Gott!", entfuhr es Guntram. „Na, dann zeigen Sie schon her." Ungeduldig musterte er Fritjof Ziersling, der aufgeregt in der Innentasche seines Jacketts fingerte. „Konfirmationsanzug", dachte Guntram.

„Schauen Sie, hier habe ich sie: zwei von der Fürstin ihrerzeit in Jever neu eingeführte Gesangbücher." Stolz wie ein Kind hielt der junge Historiker Guntram zwei kleine Bände entgegen.

„Soso, wirklich sehr interessant. Und jetzt entschuldigen Sie mich bitte."

„Nein, nein, warten Sie", Fritjof Ziersling packte Guntrams seidigen Ärmel. „Sehen Sie sie sich genau an: Es sind Gesangbücher, die die Fürstin zweien ihrer Hofdamen zueignete. Dieses gehörte Regula von Gaziz und dieses hier ihrer Schwester Amalie, Amalie von Gaziz, der späteren Amalie von Flieregg, mit der Sie sich doch auch befasst haben."

Jetzt sah Fritjof Ziersling ein aufmerksames Flackern in Guntrams Augen.

„Die Schwestern haben auch persönliche Notizen und kleine Verse eingetragen", erläuterte er, legte beide Bücher auf eine Fensterbank und schlug die entsprechenden Seiten auf.

Guntram durchfuhr der Neid wie ein Säbelstich. „Wo haben Sie diese Bücher her?", fragte er und versuchte, seine Stimme möglichst beherrscht klingen zu lassen.

„Sie befanden sich über viele Generationen im Besitz einer jeverländischen Familie, deren Vorfahre der Fürstin gedient hatte. Als sie erfuhren, dass ich mich mit dem damaligen Hofstaat befasste und auch ihr Ahn Erwähnung finden würde, haben sie mir die Bücher geschenkt."

Guntram brach der Schweiß aus, trotz seines leichten Anzugs. Welch ein Hohn! Ausgerechnet heute hielt dieser Jungspund von Laienhistoriker ihm direkt vor die Nase, wonach er seit unzähligen Jahren vergeblich suchte: Originalhandschriftliches von Amalie. Und von ihrer Schwester. Einfach so geschenkt, für die simple Erwähnung eines Namens, den auch er ohne weiteres in sein Werk hätte einfließen lassen können. Und zudem, wie um dem Ganzen die Krone aufzusetzen, standen in beiden Büchern auch noch persönliche Widmungen der Fürstin. Guntram bekam kaum Luft und hätte doch zu gerne laut losgebrüllt, inmitten des Audienzsaals, unter der 500 Jahre alten geschnitzten Kassettendecke, vor Katharinas und aller Augen.

Fritjof Ziersling bemerkte, dass in Guntram erhebliche Gefühlsregungen vor sich gingen.

Er deutete den stieren Blick seines Kollegen und die sichtbar anschwellenden Halsadern jedoch als einen Ausdruck höchster Überraschung: „Ja, da staunen Sie, nicht wahr? Und wie gut diese Büchlein erhalten sind. Die Eintragungen befinden sich auf den ersten und den letzten Seiten. Bitte, blättern Sie gerne ein wenig." Schon hatte Fritjof Ziersling ein Paar baumwollene Schutzhandschuhe aus der rechten Jackentasche gezogen und versuchte eifrig, den ersten über Guntrams geballte Faust zu ziehen.

Guntram entriss ihm die Handschuhe, streifte sie über und nahm die Bücher zur Hand, erst das eine, dann das andere, er betrachtete die vorderen und die hinteren Seiten, die Namenszüge, die Schriften. Er legte die Bücher nebeneinander, er hob sie direkt vor die Augen, er legte sie nieder und schaute dann mit verwirrtem Blick hinunter auf die quaderförmigen Findlingssteine des Schlosshofes, die in Form des Löwen im Stadtwappen gelegt waren.

Was er gesehen hatte, konnte nicht sein. Hier lag ein unglaublicher Fehler vor.

Noch einmal verglich er die Handschriften, zog mit den Augen die Schwünge und Schnörkel der Namen und der eingetragenen Verse nach. Sie waren verkehrt. Die Namen und Schriftbilder waren verkehrt.

Amalies Handschrift, steil und streng, kannte er von Briefwechseln, die sie nach ihrer Heirat führte. Doch nun sah er exakt diese Handschrift im Gesangbuch ihrer Schwester Regula. In Amalies Gesangbuch zeichnete sich die Schrift unterdessen durch zierliche, weich geführte Bögen aus.

Die Zuordnung war jedoch eindeutig: so standen die jeweiligen Namen sowohl in den Widmungen, die die Fürstin hineingeschrieben hatte, als auch auf den jeweiligen Buchdeckelinnenseiten, von den Schwestern selbst eingetragen.

Ein Ebenbild ihrer Schwester! Voll Trauer sofort in die Schweiz zurückgekehrt! Den so lang hingehaltenen Verlobten gleich nach der Ankunft geheiratet! Blaue Haut! Im Moor! – Guntram wirbelten die Fakten im Kopf herum. Und formierten sich zu einem erschütternden Gedanken: Regula – die Giftmischerin!

Sie, die Kapriziöse, die Schwierige, hatte sich den begehrten Verlobten ihrer Schwester geschnappt. Nachdem sie Amalie ermordet hatte und in ihre Rolle geschlüpft war.

Niemand hatte den Schwindel bemerkt. Die Gesichter – ein Ebenbild! Bevor charakterliche Veränderungen auffallen konnten, war sie aus dem Blickfeld der Fürstin und des vertrauten Hofstaats entschwunden. In Basel wiederum fielen die Wesensunterschiede nach der vierjährigen Abwesenheit kaum auf. Schnell genug waren mit der Heirat neue Tatsachen geschaffen worden, bevor in Kuno von Flieregg erste Ahnungen aufsteigen konnten, dass er nicht die Amalie in den Armen hielt, auf die er jahrelang gewartet hatte.

Dies war die Geschichte, die Guntram hätte schreiben müssen. Sie lag vor ihm, greifbar in zwei kleinen Büchlein, die ihren Weg zum Falschen gefunden hatten. Fritjof Ziersling schien den historischen Schatz, den ihm das Schicksal zugespielt hatte, jedoch noch gar nicht erkannt zu haben.

Guntrams Entsetzen wich einem glasklaren Denken: Er musste die Bücher haben! Und Fritjof Ziersling, dieser widerliche promovierte Doktor Fritjof Ziersling, dieser Zerbster, der sich im Jeverland so anmaßend umgetan und in einheimische Familien eingeschleimt hatte, musste verschwinden!

Guntram zog die Handschuhe wieder aus und gab sie seinem Kollegen zurück. Dann öffnete er seinen Aktenkoffer und ertastete neben seinem Buch die Schatulle, die die Phiole umschloss. Er lächelte. „Verehrter Dr. Ziersling, darauf müssen wir anstoßen", sagte er, steckte die Gesangbücher in den Aktenkoffer und legte einen Arm um die magere Schulter des erstaunten Kollegen. Fritjof Ziersling strahlte wie ein Honigkuchenpferd. „Die Sektbar befindet sich in der Fürstlichen Galerie", sagte er und ließ sich von Guntram durch die hohen, weit geöffneten Türflügel führen.

In der Galerie wimmelte es von Zerbstern. Unter den Historikern und an den Wänden. Fürstin Friederikes mildes Antlitz konnte Guntram jetzt nicht ertragen. Er hielt seinen Blick auf Fürst Friedrich August gerichtet und auf Zar Peter III., dessen Bildnis als Knabe bereits leichten Wahnsinn verriet. Deren Porträts entsprachen eher dem dramatischen Moment.

„Bitte nehmen Sie die Gläser, wir ziehen uns ein wenig aus dem Trubel zurück", sagte Guntram. Fritjof Ziersling fasste vorsichtig die gefüllten Sektkelche und folgte Guntram, der die Fürstliche Galerie über die halbhohe Treppe verließ.

„Herr Tuilfs, warten Sie, ich möchte mit Ihnen über Ihren Vortrag reden", hörte Guntram hinter sich die Stimme des Kommissions-Vorsitzenden. Doch er beachtete ihn nicht. Jetzt galt es mehr zu retten als nur die gute Beziehung zum Vorstand.

Schnurstracks eilte er ins Barnutz-Zimmer, wo er ungewollt Zeuge eines über kollegiale Beziehungen hinausgehenden intensiven Austauschs zwischen einer hannoverschen Archäologin und des zweiten stellvertretenden Archivleiters der Zerbster Bibliothek wurde.

Er fuhr zurück und rannte weiter zum Gobelinsaal. Hier hatten sich sogar kleine Grüppchen versammelt, und auch in den sich anschließenden Räumen mit Exponaten zur Stadt- und Landesgeschichte unterhielten sich Historiker und Gäste.

Fritjof Ziersling wankte tapfer hinter Guntram her, mühsam darauf bedacht, keinen Tropfen zu verschütten.

Sie hatten sich in dem vierflügeligen Bau im Kreis bewegt und standen nun an der hölzernen Wendeltreppe vor dem Edzardzimmer und dem Audienzsaal. Guntram überlegte kurz. Der Turmaufgang befand sich in der Nähe, doch er war sicher versperrt. Aber zwei Geschosse tiefer lag der Gewölbekeller mit seinen steinernen Särgen, dorthin würde sich heute gewiss kein sektschlürfender Wissenschaftler verirren.

Guntram ging die Treppe hinunter ins Erdgeschoss.

„Herr Tuilfs, so warten Sie doch“, rief Fritjof Ziersling. „Wo wollen Sie denn ganz hin?“

„In den Keller, wo wir Ruhe haben“, sagte Guntram und in seiner Stimme schwang etwas leicht Bedrohliches mit. Fritjof Ziersling stutzte, doch ein Blick auf den munter perlenden Sekt lenkte ihn sofort wieder von dem Gedanken ab, dass sich sein Kollege etwas seltsam benahm.

Auf dem Gang vorbei an den friesischen Wohnstuben stellte Fritjof Ziersling höflich fest, dass es hier doch sehr angenehm wäre. Und im großen steinernen Küchensaal schraubte er seine Stimme noch etwas höher, um zu betonen, dass man an diesem Ort doch nun wirklich absolute Ruhe hätte.

„Ach, kommen Sie“, fuhr Guntram ihn an. „Hier wird doch gleich noch irgendwas vorbereitet. Gleich da vorne führt die Treppe runter, wir sind sofort da.“

Die Treppe zum Gewölbekeller war schmal und steil, und eine seltsame Kälte schien Fritjof Ziersling entgegenzukriechen.

Das niedrige Gewölbe erhob sich über beeindruckende Särge, aus Stein gehauen oder aus Holz wie ein Fass geformt. Guntram stellte den Aktenkoffer auf die Kante eines Steinsargs, holte die Gesangbücher heraus und die Schatulle und nahm dem Kollegen die Gläser ab.

„Warten Sie, an einem habe ich schon genippt“, sagte Fritjof Ziersling leicht verlegen. „Es ist dieses hier mit dem kleinen Sprung am Rand.“

Guntram lächelte. „Gut zu wissen. Aber nun, Herr Dr. Ziersling, suchen Sie mir bitte diesen Vers über die ‚Göttliche Morgenröte‘ heraus. Ich weiß nicht mehr, in welchem von den Büchern er stand, und ich würde ihn mir gerne abschreiben.“

„Oh, das weiß ich auch nicht so genau, ich meine aber, er stammt von Amalie.“ Fritjof Ziersling zog sich die Handschuhe an und vertiefte sich in Amalies Gesangbuch.

Guntram klappte, wie nebenbei, die Schatulle auf und zog die kleine Phiole heraus. Die Versiegelung würde er nicht aufbrechen können, wohl aber den unteren Teil des winzigen Glashalses. Es ging leichter, als er dachte, und mit einer unmerklichen Handbewegung entleerte er die Phiole über dem Kelch mit dem Sprung.

Fritjof Ziersling biss vor Aufregung über das Interesse des älteren Kollegen auf seiner Unterlippe herum, während er nach der „Morgenröte“ Ausschau hielt. „Ah, ich habe sie gefunden!“, schnurrte er stolz und reichte Guntram das Buch hinüber. „Aber ich meine, dass auch Regula etwas über den

Sonnenaufgang notiert hatte. Ja, hier steht es: ‚Wolken glühen', so fängt es an."

Guntram schaute höflich in die beiden aufgeschlagenen Bücher, während Fritjof Ziersling sich ein Glas griff. Erschrocken fuhr Guntram hoch, doch sein Kollege grinste verschmitzt und zeigte auf den Rand: „Keine Sorge – dort ist der Sprung, das ist mein Glas. Aber ich bin ohnehin nicht ansteckend."

„Wer weiß", dachte Guntram und sagte laut: „Prost, Herr Doktor Ziersling! Auf die Schwestern!" und spürte das kühle, erfrischende Prickeln in der Kehle, das sämtliche Anspannung in ihm löste. Es war wunderbar. Seine Forschung war gerettet. Sein Buch war gerettet. Sein Vortrag war gerettet. Er hatte das Schicksal besiegt.

Er stellte sein leeres Glas ab, griff die Gesangbücher und steckte sie wieder in den Aktenkoffer.

„Aber Herr Tuilfs, die Exemplare möchte ich nun doch wieder an mich nehmen", sagte Fritjof Ziersling irritiert.

„Das hättest du wohl gerne, du kleiner mieser Historienstümper", ächzte Guntram und wunderte sich, wohin ihm seine Stimme entschwand. Sein Blickfeld verkleinerte sich, gerade noch konnte er die Kelche erkennen. Beide geleert. Beide mit einem Sprung am Rand.

Guntrams Gesicht überzog eine blaue Blässe. Er taumelte und suchte hilflos nach einem Halt.

Als er kopfüber in den Steinsarg kippte, war Fritjof Ziersling bereits die Treppe hochgestürmt und rief, dass es durch das Schloss hallte: „Hilfe! Zu Hilfe! So komme doch jemand zu Hilfe!"

Auch an diesem Tag konnte Guntram Tuilfs das Marienläuten nicht hören.

Er war zu früh gegangen.

Schloss Jever
Landkreis Friesland

Die Geschichte der Stadt Jever wurde stark geprägt vom „gnädigen Fräulein Maria“, einer Häuptlingstochter, die vor vielen hundert Jahren auf mysteriöse Weise in einem unterirdischen Gang im Park ihres prächtigen Schlosses verschwunden sein soll. An der Stelle des heutigen Schlosses stand bereits seit dem Mittelalter eine Wehrburg, die den Kern der späteren Stadt und den Sitz der gleichnamigen Herrschaft bildete. Infolge von heftigen Streitigkeiten wurde die alte Festung anno 1427 geschleift. Nur ein Jahr später begann

Die heutige Ahnengalerie im Schloss Jever wurde im 19. Jh. als Speisesaal genutzt (links). Das Bronzedenkmal in der jeverschen Innenstadt wurde im Jahre 1900 anlässlich Marias 400. Geburtstag errichtet.

Häuptling Hajo Harlda mit dem Bau einer neuen Burg, die durch Tanno Duren und Edo Wiemken erweitert wurde. Mittelpunkt war ein mächtiger runder Turm, der ab dem 16. Jahrhundert in eine von Wassergräben und Wällen umgebene Schlossanlage mit vier Gebäudeflügeln integriert wurde. Maria von Jever wurde im Jahre 1500 als jüngste Tochter des Friesenhäuptlings Edo Wiemken geboren und verlor in jungen Jahren ihre Eltern und ihren Bruder Christoph, welcher Gerüchten zufolge vergiftet worden sein soll. Zurück blieben

Durch diesen unterirdischen Gang im Schlossgarten verschwand Maria der Legende nach im Jahre 1575 mit den Worten „Ich komme wieder".

Maria und ihre ebenfalls minderjährigen Schwestern. So fiel Jever nach dem Tod Edo Wiemkens 1511 zunächst in den Einflussbereich der Ostfriesen. Graf Edzard von Ostfriesland übernahm die Vormundschaft für die Wiemken-Töchter und plante frühzeitig deren taktische Verheiratung mit seinen Söhnen – doch die Heiratspläne des Grafen gingen nicht auf. Maria verliebte sich stattdessen in Boing von Oldersum, den Graf Edzard als hohen Regierungsbeamten von Jever eingesetzt hatte. Geheiratet hat sie den Drosten nie, denn er verstarb während einer Belagerung bei Wittmund.

1531 übernahm das Fräulein schließlich alleine die Herrschaft über das Jeverland und verlieh Jever 1536 die Stadtrechte. Von 1560 bis 1564 ließ die Regentin am Schloss diverse Umbauarbeiten vornehmen und unter anderem den Audienzsaal mit einer prächtigen Kassettendecke im Stil der niederländischen Renaissance ausstatten. Der Legende nach verstarb die zeit ihres Lebens unverheiratete Maria nicht, sondern entschwand im Jahre 1575 mit den Worten „Ich komme wieder!“ durch einen Tunnel im Schlosspark – dessen Eingang wurde 2009 wieder freigelegt und kann besichtigt werden.

1667 gerieten die Herrschaft Jever und das Schloss in den Besitz des Fürstentums Anhalt-Zerbst, aber erst unter Fürst Johann August wurde in der Zeit von 1731 bis 1736 der mächtige Mittelturm, der den kleinen Schlosshof dominiert, mit einer barocken Haube versehen. Der 67 Meter hohe Turm ist heute das Wahrzeichen der Stadt und das Schloss ist in stilisierter Form auf dem Logo der „Jever“-Brauerei zu finden. 1798 wurden der innere Graben und Wall weitgehend eingeebnet. Von 1793 bis zu ihrem Tod 1796 war Johann Augusts Enkelin, Zarin Katharina die Große, Besitzerin des Schlosses, ohne es jedoch zu bewohnen.

1818 fiel Jever an das Großherzogtum Oldenburg. Das Schloss wurde von den Oldenburger Herzögen als Nebenresidenz genutzt und die Gebäude der Vorburg abgerissen. Außerdem wurde das umliegende Gelände zum Landschaftspark im englischen Stil umgestaltet, welcher – nach umfangreichen Restaurierungsarbeiten – zu Niedersachsens ältesten Naturdenkmälern zählt. Die heutige Optik des Schlosses mit seinen beiden Torhäusern und der klassizistisch anmutenden Fassade geht auf die Zeit um 1830 zurück. Seit 1921 befindet sich das kulturhistorische Museum Jever im Schloss und widmet sich sowohl der Geschichte des Gebäudes als auch der Kulturgeschichte, Volkskunde und Archäologie Frieslands. Neben der sehenswerten Dauerausstellung finden im Schlossmuseum wechselnde Sonderausstellungen statt.

Der Audienzsaal im Schloss Jever mit der geschnitzten Kassettendecke. Den Auftrag für die Umbauarbeiten gab ihrerzeit Fräulein Maria.

Inszenierung einer friesischen Küche. Die Innenausstattung kann historisch dem 17. bis 19. Jahrhundert zugeordnet werden.

Schloss Gödens

Klaus-Peter Wolf

Sonnyboy

Nein, er hat nie behauptet, adelig zu sein oder aus einer wohlhabenden Familie zu stammen. Das war auch gar nicht nötig. Jeder, der Augen im Kopf hatte, konnte es sehen. Er strahlte mit jeder Pore seines sportlichen Körpers die Eleganz aus, die großbürgerlicher Bildung entspringt, wie man sie nicht in Kursen an der VHS erwerben kann oder an einer Integrierten Gesamtschule.

Alles an ihm war edel. Seine Gesichtszüge, seine Art, sich zu bewegen und seine klare Sprache. Mit sanfter Stimme formulierte er reines Schriftdeutsch, von keinem Akzent verfälscht. Da hätte sich jeder Radiosprecher eine Scheibe abschneiden können.

Er trug nicht einmal eine Krawatte, sondern nur einen Kaschmirpullover mit V-Ausschnitt über dem Hemd mit Haifischkragen. Dieser weit ausgeschnittene Bereich zwischen den Kragenspitzen schrie eigentlich nach einem doppelten Windsorknoten, aber bei ihm brachte er nur seinen vornehmen Hals besser zur Geltung.

Der Betrachter bekam sofort den Eindruck, es mit einem offenen Menschen zu tun zu haben, der nichts zu verbergen hat und gern etwas von sich preisgibt, weil er weiß, es ist nichts Abgründiges in seinem tadellosen Charakter zu entdecken.

Ich habe nie zuvor einen Mann mit so gut manikürten Fingernägeln gesehen. Da wurde jede Frau neidisch. Ich sowieso, denn meine Nägel brechen schon ab, wenn ich eine raue Oberfläche auch nur anschaue.

Also, man sah seinen Händen an, dass er nie schwer arbeiten musste. Trotzdem wirkte er nicht schwul oder irgendwie tuntig, sondern nur edel und auf eine Art sogar erhaben, als würde er über den Dingen stehen. Undenkbar, dass er so etwas wie eine Verdauung hatte oder Stuhlgang. Grimmig, mit fiebrigen Augen, nach Pinimenthol riechend, konnte ich ihn mir nicht vorstellen. Und ich vermute, den anderen Menschen ging es genauso.

Er war wie eine dieser Figuren aus dem Werbefernsehen, immer lächelnd, immer frisch und sauber, wie aus dem Ei gepellt, immer gut drauf und perfekt beleuchtet.

Ich habe ihn auf einem Schloss kennengelernt, das heißt, davor. Es war eine Art Weihnachtsmarkt, jedenfalls passte dieses barocke Wasserschloss nur zu gut zu ihm. Es war geradezu prädestiniert für seinen Auftritt.

Er benahm sich, als sei er der Graf persönlich. Nicht wie ein echter Graf, nein, eher wie einer aus der Operette. Er, mit einer Rostbratwurst in der Hand? Nein, das war ein Ding der Unmöglichkeit!

Aber das hier war nicht irgendein Weihnachtsmarkt. Auf Schloss Gödens gab es einen Starkoch: Michael Niebuhr, der für kulinarische Erlebnisse jenseits von Rostbratwurst sorgte. Experten vom Londoner Auktionshaus Christie's waren da und man konnte bei ihnen alten Familienschmuck schätzen lassen, wenn man so etwas besaß. Leute kamen sogar mit Bildern und Möbelstücken.

Ich verdiente mir am Glühweinstand ein paar Euro fürs Studium dazu. Ich war am Umsatz beteiligt. Es kamen viele Besucher zum Schloss Gödens und die Geschäfte liefen gut.

Auf dem Ehrenhof stimmte gerade das Jagdhornbläsercorps Hubertus *Stille Nacht* an, da stand er plötzlich vor mir: ein Kerl aus Samt und Seide, und er hat mich sofort umgehauen. Ich hatte das Gefühl, er würde den Glühwein nur meinetwegen bestellen und dieses Getränk eigentlich verabscheuen. Er hielt den Becher wie einen Kristallkelch und der Glühwein schien darin zu funkeln.

Ich war sofort so verknallt, dass ich alle anderen Gäste vergaß. So, wie er mich ansah, wurde mir ganz anders. Ich verschüttete Glühwein, stolperte herum und bat um eine kurze Pause, mir sei schwindelig.

An meinem Chef ist alles dick. Sein Bauch, sein Portemonnaie, sein Selbstbewusstsein, seine Frau und sein Auto. Er ist eine Frohnatur, kann schlecht Nein sagen und hat es für einen Schulversager aus Leer im Leben ziemlich weit gebracht. Er gab mir sofort eine Auszeit und rief gleich meine Mutter an. Ich hätte wohl zu viel von dem guten Gesöff genascht und ob sie aushelfen könnte.

Mir war das ein bisschen unangenehm, denn es gab Gerüchte, meine Mutter hätte mal was mit ihm gehabt. Das stimmte aber nicht. Es gab viele solcher Gerüchte, seit mein Vater tot ist, denn meine Mutter ist eine verdammt attraktive Frau. Neben so einem leuchtenden Stern hat man es als Tochter gar nicht leicht, da verschwindet man schneller als ein Paar Socken in der Waschmaschine.

Jedenfalls bin ich dann mit Felix, fernab vom Gewühl, im Park spazieren gegangen. Das Schloss liegt im Sommer ein bisschen versteckt zwischen diesem wuchernden Grün. Jetzt war das anders. Die Gerüche verfolgten einen praktisch überall hin, der Wind schien immer genau so zu drehen, dass er Düfte von gebrannten Mandeln und Schwenkbraten zu uns wehte. Auch die Lichter waren auf eine warme Art immer da.

Das Wasserschloss glänzte in einem Lichtermeer, das alles ein bisschen unwirklich erscheinen ließ, als sei man in einen Hollywoodfilm geraten, der gerade die Pracht des alten Europas überspitzt und idealisiert fürs Popcornkino zeigte. Und die Weihnachtsmusik hörten wir auch überall.

Der Park ist groß und wir gingen eine Weile.

Er stellte sich als Felix Buchholz vor. Heute weiß ich, dass das gelogen war. Es ist eine Zusammenstellung aus

Felix Krull und Horst Buchholz, der die Titelrolle in dem Film *Die Bekenntnisse des Hochstaplers Felix Krull* gespielt hat. Wahrscheinlich wollte er so sein wie die beiden. Ein Hochstapler war er sowieso und unwiderstehlich, wie Horst Buchholz damals war, wollte er werden. Bei mir hatte er mit dieser Art ja auch schon echten Erfolg.

Ich sollte dann wahrscheinlich den Part der Zaza spielen, falls überhaupt eine so wichtige Rolle für mich vorgesehen war. Jedenfalls fiel ich voll auf ihn rein, so sehr, wie eine Frau nur reinfallen kann.

Der Sex mit ihm war eine Offenbarung, als hätte man immer in Fastfoodläden im Stehen gegessen und sitzt plötzlich in einem Gourmettempel mit Sternchen vor der Tür und einem Eintrag im Guide Michelin.

In der ersten Woche kamen wir kaum aus dem Bett raus. Er bewohnte kein Sommerhaus an der Küste und er hatte auch keinen Landsitz in der Schweiz. Schlichte zweieinhalb Zimmer unterm Dach in Sande reichten ihm. Unten wohnte ein pensioniertes Lehrerehepaar, das die Treppe in seinem Eigenheim nicht mehr gut hochklettern konnte und die Zimmer deshalb an ihn billig vermietet hatte.

Ich glaube, die haben sogar für ihn die Wäsche gewaschen. Er sprach mit ihnen wie andere Leute mit ihren Eltern, wenn sie ein gutes Verhältnis zu ihnen haben, dieser verfluchte Erbschleicher. Ich wette, sie hatten längst ein Testament zu seinen Gunsten gemacht und ihm das ganze Haus überschrieben.

Er hatte ein Auge für Familien, in denen es etwas zu holen gab. Er war nicht einfach nur der Sonnyboy, oh nein. Er war vor allem der ganz große Abstauber. Seinen Mercedes, ein uraltes Modell, das er liebevoll *Oldie* nannte, hat ihm ein Opa vermacht, dem er regelmäßig aus Romanen vorliest.

Ja, Felix Buchholz, wie er angeblich heißt, geht regelmäßig ins Altenheim und liest den Menschen dort vor. Ehrenamtlich, versteht sich. Es bleibt höchstens mal ein *Oldie* für ihn hängen oder ein kleines Trinkgeld. Und er empfiehlt sich für so manche Testamentsänderung. So wird er zum Alptraum für die Enkel und Kinder, die sich eigentlich einiges mehr erhofft hatten, Dinge, die er dann gern mitnimmt.

Wovon er lebte, war schwer zu sagen. Angeblich schrieb er an einem Drehbuch und hatte dafür sogar eine Förderung von irgendeiner Filmstiftung bekommen. In Wirklichkeit zockte er aber nur alte Leute ab, das weiß ich heute. Er geht dabei immer ziemlich dreist vor und deshalb wird er auch sterben. Denn diesmal ist er zu weit gegangen.

Er hat sich eiskalt an meine Mutter rangemacht. Erst dachte ich dumme Kuh, er sei nur liebevoll bemüht, das Herz seiner zukünftigen Schwiegermutter zu gewinnen. Ja, das wollte er auch, aber ganz anders, als ich dachte.

Wir waren beim ersten Treffen alle drei nervös. Jeder wollte natürlich einen guten Eindruck auf den anderen machen. Meine Mutter kochte eine Bouillabaisse aus Rotbarsch und Dorade. Es gab als Hauptgang Limandesfilets auf friesischen Blattsalaten und ich lieferte das Dessert. Meine absolute Spezialität: eine mallorquinische Mandeltorte. Die Lieblingsspeise meiner Mutter.

Ich muss ihr das an jedem Geburtstag backen und zu allen Anlässen, besonders im Sommer, wenn sie ihre Freundin zu uns einlädt. Wir haben schon daran gedacht, auf Schloss Gödens beim Weihnachtsmarkt einen Stand mit mallorquinischer Mandeltorte zu eröffnen. Aber gegen die Hofbäckerei kommen wir dann doch nicht an, befürchten wir.

Felix war jedenfalls genauso begeistert von meinen Backkünsten wie sie. Er aß gleich drei Stücke und natürlich fiel der Satz: „Dreimal ist Ostfriesenrecht“, womit er bei meiner Mutter gut ankam, denn sie ist stolz auf ihre ostfriesische Herkunft.

Sie wusste es sogar zu schätzen, dass er den Löffel nicht benutzte, um den Tee umzurühren, sondern ihn nur nach der dritten Tasse hineinlegte, um zu zeigen, dass er keinen Tee mehr wollte.

Ich freute mich in meiner ganzen Naivität, weil die beiden so gut miteinander klarkamen.

Es gibt Typen, die legen mit Vorliebe deine beste Freundin flach. So einen nennt man bei uns *Torjäger* und die kluge Frau zeigt ihm am besten gleich die Rote Karte und schickt ihn vom Platz, ohne ihm eine Träne nachzuweinen.

Dann gibt es gewisse *Springböcke*, die machen sich an deine Schwester ran. Die sollte man nicht ungestraft entkommen lassen. Ein schönes, kompromittierendes Bild auf Facebook, ein bisschen Rizinusöl, das ihnen die Liebesnacht versaut … Man kann in der Apotheke ein Abführmittel kaufen, das sieht wie Viagra aus …

Aber die schlimmsten sind diese Mega-Arschlöcher, die betrügen dich mit deiner eigenen Mutter. Denen sollte man keine Chance geben, sich zu vermehren. Die müssen sterben. Einfach verschwinden von dieser Welt, ohne die Luft hier noch länger zu verpesten.

Meine eigene Mutter hintergeht mich seit Wochen mit ihm. Ich weiß es seit Heiligabend. Sie schreiben sich heimlich SMS.

Ich fühle mich so benutzt von ihm! Als hätte er mich nur erwählt, um sich an sie ranzumachen und inzwischen weiß ich auch, warum.

Wir sind reich. Also ziemlich zumindest, noch nicht, aber sehr bald. Meine Tante Mia hat ein Sechsfamilienhaus in Wilhelmshaven. Sie liegt in der Pflegestation des Altenheims, in dem Felix so gerne ehrenamtlich vorliest. Sie wird nicht mehr lange leben und hat das Haus im Fall ihres Todes ihrer Schwester, meiner Mutter, vermacht.

An Weihnachten ist meine Mutter mit ein paar kleinen Geschenken zu ihrer Schwester gefahren und da hat die es ihr erzählt.

Früher haben die beiden sich nicht gut verstanden. Sie waren immer in Konkurrenz zueinander, deshalb sollte der Tierschutzverein das Mietshaus erben. Aber jetzt, kurz vor ihrem Ableben, hat sie sich umentschieden und will sich aussöhnen. Schluss mit den alten Geschichten, meine Ma hätte etwas mit ihrem Ex gehabt. Was soll der Mist, das ist doch alles mehr als zwanzig Jahre her …

Ich wette, Felix, dieser miese Schmarotzer, wusste das schon lange vor uns. Meine Mutter besucht ihre Schwester nämlich nur zweimal im Jahr im Altenheim. An ihrem Geburtstag im Mai und, na ja, dann eben in der Adventszeit, weil sich das so gehört. Felix wusste also genau, dass meine Mutter keineswegs so mittellos ist, wie sie selbst glaubte.

Er hat heute Geburtstag, und das wird gleichzeitig sein Todestag sein. Ich habe ihm seine ach so geliebte mallorquinische Torte gebacken. Das Arsen darin wird er nicht schmecken, es hat den Duft von frischen Mandeln. Er muss auch nicht drei Stückchen verdrücken, ein paar Bissen reichen schon.

Ich habe die Torte in seiner Wohnung auf dem Tisch platziert, zusammen mit einer Kerze und einer Glückwunschkarte, auf der steht, dass ich heute leider nicht kommen kann, weil eine alleinerziehende Freundin mal wieder Liebeskummer hat und ich ihr in dieser schwierigen Lebensphase zur Seite stehen muss.

Er wird sich vor dem Fernseher die Torte reindrehen. Es passt ihm sicherlich gut, dass ich nicht komme, das Länderspiel will er nämlich nicht verpassen. Leider wird er die zweite Halbzeit nicht mehr erleben.

Später werde ich ihn besuchen, die restliche Torte und die Glückwunschkarte vernichten und dann warte ich in Ruhe ab, wie lange es bei so einem untreuen Burschen wie ihm dauert, bis ihn jemand auffindet.

Das nette Vermieterehepaar wird es kaum sein. Die beiden verbringen die dunkle Zeit des Jahres, sprich von Januar bis Mitte März, regelmäßig auf Fuerteventura, wo das Licht angeblich das Gemüt aufhellt.

Meine Mutter wird ihn auch nicht besuchen. Sie hat mit ihm Schluss gemacht, nachdem ich sie konfrontiert habe. Da ist es mir schon lieber, wenn sie wieder etwas mit dem dicken Schulversager vom Glühweinstand laufen hat.

Ich sitze zu Hause, ein Gläschen St.-Ansgari-Sprudelwasser in der Hand. Es schmeckt mir wie Champagner, aber ich behalte einen klaren Kopf.

Ich schaue zur Uhr. In einer halben Stunde beginnt das Spiel, dessen Ausgang er nie erfahren wird.

Es geht mir gut. Ich fühle mich durchtrieben, irgendwie gereinigt, wie von einer schweren Krankheit rekonvaleszent.

Ich gehe in die Küche, um mir ein Brot zu machen, da liegt ein Zettel von meiner Mutter auf dem Tisch:

Bitte verzeih mir, Kleines. Ich muss tun, was mein Herz sagt. Wir haben uns gestern ausgesprochen. Wir lieben uns. Es ist echt und wir werden dazu stehen, auch wenn die gesellschaftliche Norm dagegen spricht. Ich weiß, dass wir dir damit jetzt sehr weh tun, aber die Dinge sind, wie sie sind.

In Liebe, deine Mutter

Mir werden die Knie weich. Ich muss mich am Tisch festhalten, aber er fällt mit mir um. Mein rechter Arm schmerzt, als sei er gebrochen, aber irgendwie ist das jetzt belanglos. Für einen Moment hasse ich die ganze Welt und vor allen Dingen meine bescheuerte Mutter, aber dann nur noch mich selbst.

Ich schaffe es nicht, aufzustehen. Zweimal falle ich wieder um, weil mein Kreislauf verrückt spielt. Mir ist kotzübel.

Dann hilft mir meine Mordswut auf die Beine. Ich könnte meine Mutter umbringen in meinem Zorn. Wie soll ich ihr je wieder in die Augen schauen? Soll ich bei der Beerdigung ihres Lovers neben ihr stehen und sie stützen? Soll ich sie trösten?

Da klingelt es an der Tür. Ich frage mich, warum meine Mutter ihren Schlüssel nicht benutzt. Wie soll ich ihr jetzt begegnen?

Da steht er vor mir: Felix Buchholz, der Erbschleicher, Hochstapler und Möchtegern-Heiratsschwindler. Er ist blass und außer Atem.

„D … deine Mutter", stammelt er. „Sie liegt bei mir in der Wohnung … Sie … sie ist tot … Sie hat mich besucht. Wir haben zusammen Kaffee getrunken und dann ist sie einfach … zusammengesackt. Sie ist tot!"

Ich fühle mich, als hätte mich ein Blitz getroffen. Ich kann meine Gedanken nicht sortieren. Mein Mund ist schneller als mein Verstand. Ich höre mich fragen:

„Hast du auch von der Torte gegessen?"

Da brüllt er mich an: „Ich hasse diese Scheiß-Mandeltorte, genauso wie ich dies verkommene Mallorca hasse! Ich habe am Kennenlernabend nur davon gegessen, um höflich zu sein, weil du sie gebacken hast."

„Hast du den Notarzt gerufen? Vielleicht kann man noch etwas machen! Ihr Magen muss ausgepumpt werden und …"

Oh, mein Gott, ich fühle mich so elend. Ich wollte doch meine Mutter nicht umbringen, sondern diesen gottverdammten Sonnyboy. Gleichzeitig schäme ich mich für meine Wut, die ich auf sie hatte. Ich komme mir fast so vor, als hätte ich es absichtlich getan.

„Du hast eigentlich mich vergiften wollen, stimmt's?"

Er fixiert mich wie ein Show-Hypnotiseur, der aus mir einen willenlosen Befehlsempfänger machen will.

Ich gehe zum Gegenangriff über, schlage ihn und schreie: „Du hast sie sterben lassen, du Arsch! Warum hast du keinen Arzt gerufen?“

Er hält meine Arme fest und grinst. „Hab ich, meine Süße, hab ich. Aber die Hilfe kam leider zu spät. Die Torte habe ich und die Postkarte von dir auch. Es ist alles ganz eindeutig. Das war nämlich eiskalter, heimtückischer Mord.“

„Was hast du jetzt vor?“, frage ich ohne jede Widerstandsenergie.

„Nun, kurz nach der Beerdigung deiner Mutter werden wir beide erst mal heiraten. Auf Schloss Gödens natürlich. Dann verkaufen wir dieses Sechsfamilienhaus. Ich schätze, es wird ein Milliönchen bringen.“

Er streichelt mir übers Gesicht.

„Und dann werde ich dich in meine weiteren Pläne einweihen. Ich habe noch viel mit dir vor. Du willst doch sicherlich nicht ins Gefängnis, oder?“

Schloss Gödens
Landkreis Friesland

Das im Besitz der gräflichen Familie von Wedel befindliche Schloss Gödens mit seinem weitläufigen Park darf wohl als prächtigstes Wasserschloss auf der ostfriesischen Halbinsel gelten. Die Geschicke des benachbarten Ortes Neustadtgödens in der Gemeinde Sande sind wesentlich durch die Herren von Gödens geprägt und gelenkt worden. Neustadtgödens wurde durch das Schutzversprechen der einstigen Herrschaftsfamilien zu einer Zufluchtsstätte unterschiedlichster Glaubensgemeinschaften. Am Rande des

In den Gebäuden der Vorburg sind heute neben Wirtschaftsräumen auch Büros für das Veranstaltungsmanagement untergebracht (links). Ein weitläufiger und gepflegter Park umgibt Schloss Gödens (oben).

Ortes befinden sich zudem zwei holländische Windmühlen. Mit dem Bau der einen – der „Oberahmer Peldemühle" – auf dem Gebiet des Jeverlands reagierte der Graf von Gödens 1764 auf ein preußisches Mahledikt, das die Rechte der Herrlichkeiten an ihren Mühlen beschnitt.

Die Geschichte des Hauses Gödens beginnt in der Zeit der Häuptlingsherrschaften im ausgehenden Mittelalter. 1481 starb Edo Boing als „Hovetling tho Godense", als Häuptling von Gödens. Seine einzige Tochter Almut hatte den Häupt-

HARO BVRCHARD
1671

Äußere und innere Prachtentfaltung des Barock. Die Wandbespannungen im Festsaal stellen Szenen aus der griechischen Mythologie dar.

ling Hicko von Oldersum geehelicht. Auf die alteingesessenen Häuptlingsfamilien folgten später adelige Familien, die aufgrund ihrer militärischen und diplomatischen Dienste von außerhalb kamen und durch Heiratsverbindungen auf der ostfriesischen Halbinsel ansässig wurden. Insbesondere die von Frydags, die das Haus Anfang des 16. Jahrhunderts übernahmen, prägten das architektonische Bild der Schlossanlage.

In die Vorburg mit den eingeschossigen Wirtschafts- und Verwaltungsgebäuden gelangt man durch ein Rundbogentor mit Dreiecksgiebel, unter dem ein sogenanntes Chronogramm das Jahr seiner Erbauung in hervorgehobenen Großbuchstaben als römische Zahlen angibt, die zusammengezählt 1653 ergeben. Das sich aus einer breiten Graft erhebende Wasserschloss ist ein zweiflügeliger Bau und war hier im Stil der niederländischen Renaissance neu erbaut worden, nachdem die anderthalb Kilometer weiter südlich gelegene erste Burg während der „Sächsischen Fehde“ zerstört worden war. Im Winkel der beiden zweigeschossigen, in Ziegeln erbauten Flügel steht ein achteckiger Treppenturm, der eine barocke Kuppelhaube mit einem laternenförmigen Aufsatz trägt. Der westliche Flügel rechts des Treppenturmes fiel 1669 einem großen Feuer zum Opfer. 1671 ließ Reichsfreiherr Haro Burchard von Frydag diesen Flügel im Barockstil unter niederländischem Einfluss neu und in seiner bis heute gültigen Form erbauen. Der Südwestflügel ist zum Park hin mit pavillonartigen Seitenrisaliten und dem Hof zugewendet mit aufwendigen Portalrisaliten und einer geschwungenen Freitreppe geschmückt. Der behäbige Treppenturm überlebte den Brand. Durch Heirat gelangte die Herrlichkeit Gödens 1746 in den Besitz der Freiherren von Wedel.

Da sich das Schloss im Privatbesitz von Karl-Georg Graf von Wedel und seiner Frau Dr. Edda Gräfin von Wedel befindet, wird es nur zu besonderen kulturellen Veranstaltungen oder den jährlich stattfindenden, mehrtätigen Sommer- und Weihnachts-Landpartien für die Öffentlichkeit geöffnet. Die Innenräume des Schlosses enthalten kostbare Möbel, eine Ledertapete und zahlreiche Gemälde, darunter das 1707 in Venedig gemalte Bildnis des preußischen Staatsministers Reichsfreiherr Friedrich Ernst von Knyphausen. Wandbespannungen im Festsaal zeigen figürliche und dekorative Darstellungen nach dem Geschmack der Barockzeit. Die Halle ließ ein früherer Vorfahre, Carl Georg Graf von Wedel, 1885 bis 1890 renovieren und neu gestalten. Der „Freundeskreis Herrlichkeit Gödens“ bemüht sich als gemeinnütziger Verein mit Mitgliedsbeiträgen und dem Sammeln von Spenden um zusätzliche Mittel zum Erhalt des außergewöhnlichen Kulturgutes in der Region. Fast ganzjährig ist zudem ein Spaziergang durch den ständig geöffneten Schlosspark zu empfehlen.

Festliche Illumination des Schlossgebäudes während der weihnachtlichen Landpartie – rund um das erste Adventswochenende.

Kulinarische Genüsse vor dem prächtigsten Wasserschloss der ostfriesischen Halbinsel - während der sommerlichen Landpartie.

Die Autoren

Silke Arends ist Redakteurin (Ostfriesland Magazin) und Autorin – zweimal sind die Reportagen der Ostfriesin mit einem Journalistenpreis ausgezeichnet worden. Neben „Ostfrisica“ (Verlag Soltau-Kurier Norden; Koehler, Hamburg) hat Silke Arends auch „Literarisches“ und „Kindgerechtes“ veröffentlicht – so stammt das Kinderbuch für alle Lebensalter „Klabautermann und die verschwundenen Kapitänslöffel“ aus ihrer Feder. Dass sie sich dem Genre „Kriminalistisches“ widmet, hat mit der Faszination Mensch zu tun. Und da sie einen Hang zum Meer hat, kommt auch ihre Publikation „Das Seenotretterkochbuch“ (Koehler, Hamburg, 2012) nicht von ungefähr. Silke Arends ist in Emden und Hamburg zu Hause. Mehr unter: www.ilsebill-verlag.de.

Bernd Flessner, geboren 1957 in Göttingen, studierte Germanistik, Theaterwissenschaft und Geschichte in Erlangen. Der Schriftsteller, Publizist und Zukunftsforscher unterrichtet am Department Germanistik und Komparatistik der Universität Erlangen-Nürnberg. Er schreibt u. a. für die Neue Zürcher Zeitung, das „Kursbuch“ (Die Zeit), mare – Die Zeitschrift der Meere und das Ostfriesland Magazin. Letzte Veröffentlichungen: „Deich in Sicht“, Norden 2010; „Wiegand Wattwurm. Neue Abenteuer auf Töwerland“, Norden 2010; „Friesengold“, Krimi, Leer 2011; „25 Jahre Kunsthalle Emden“, Chronik, Emden/Norden 2011; „Raritäten im Wind“, Norden 2012. Außerdem erschienen von ihm seit 1977 vier Kinderbücher mit „Lükko Leuchtturm“. Flessner erhielt 2007 den Utopia-Literaturpreis der „Gesellschafter“ (Aktion Mensch). Mehr unter: www.bernd-flessner.de.

Lübbert R. Haneborger, geboren 1970 in Aurich, studierte Germanistik, Kunst und Soziologie an der Carl von Ossietzky Universität in Oldenburg. Ende 2004 promovierte er am dortigen kulturwissenschaftlichen Institut mit einer Forschungsarbeit zur Entstehung und Entwicklung der Bildform des Berner Hyperrealisten Franz Gertsch (betitelt „Aus nächster Ferne“). Neben seiner Tätigkeit als Redakteur des Ostfriesland Magazins ist er heute als Sachbuchautor und Verfasser und Illustrator der Kinder-Kunstkrimi-Reihe „Leocardio & Domec“ aktiv. Mehr unter: www.leocardiounddomec.de.

Usch Luhn wurde in einem Dorf in Österreich geboren. Später zog sie nach Berlin und studierte an der Freien Universität Berlin Kommunikationswissenschaften. Danach arbeitete sie einige Jahre beim Radio und beim Kinderfernsehen. Schließlich fing sie an, längere Geschichten zu schreiben und machte eine weitere Ausbildung zur Drehbuchautorin. Seitdem arbeitet sie auch für den Film und unterrichtet an einer Filmschule. Wenn sie nicht durch die Weltgeschichte reist und aus ihren Büchern vorliest, wohnt sie abwechselnd in Berlin und Ostfriesland. Viele ihrer mittlerweile 50 Bücher wurden in andere Sprachen übersetzt. Im April 2012 erscheint mit „Herzgespinst" ihr erster Thriller.

Jutta Oltmanns wurde 1964 in Ostfriesland geboren. Sie arbeitet bei der Wasser- und Schifffahrtsdirektion Nordwest in Aurich im Verwaltungsbereich. In ihrer Freizeit schreibt sie – nicht zuletzt für ihre beiden Söhne – Kurzgeschichten und Gedichte auf Hoch- und Niederdeutsch sowie historische Romane. Ihr neuestes Buch „Tochter der Insel" erschien im Dezember 2011 im Heyne Verlag. Jutta Oltmanns lebt mit ihrer Familie in Warsingsfehn/Ostfriesland. Mehr unter: www.jutta-oltmanns.de.

Manfred Reuter, Jahrgang 1957, stammt aus der Eifel und arbeitet als Chefredakteur beim Norderney Kurier und der Norderneyer Badezeitung. Ausbildung zum Redakteur in Aurich/Ostfriesland und an der Akademie für Publizistik in Hamburg. Weitere Stationen in Köln, Oldenburg, Münster, Bremen und Trier. Reuter ist Mitglied in der Krimiautoren-Vereinigung „Das Syndikat". Im KBV-Verlag (Hillesheim) sind von ihm bisher die Krimis „Lass mich für dich sterben" und „Fluchtwunden" erschienen. In der KBV-„Edition Eyfalia" erschien außerdem sein Roman „Der Kirchenmann". Vertreten ist Reuter zudem in diversen Anthologien wie „Tatort Eifel 2" von Jacques Berndorf (2009) und „Deichleichen" (2011). Mehr unter: www.manfredreuter.de.

Andreas Scheepker, Jahrgang 1963, ist in Hage (Ostfriesland) aufgewachsen. Er studierte Evangelische Theologie in Münster und Göttingen und später noch Literaturwissenschaft, Geschichte und

Pädagogik. Nach dem Vikariat in Georgsmarienhütte und in Loccum war er Gemeindepastor in Norden und von 2002 bis 2007 Leiter der Evangelischen Jugendbildungsstätte Asel. Heute unterrichtet er am Auricher Gymnasium Ulricianum und arbeitet mit seiner Frau als Pastor in Westerende bei Aurich. Mehrere Ostfriesland-Krimis stammen aus seiner Feder, zuletzt erschien 2011 „Das Salz der Friesen". Außerdem beteiligte er sich an Anthologien und Veröffentlichungen zu regionalgeschichtlichen Themen. Andreas Scheepker ist verheiratet und hat einen Sohn. Mehr unter: www.histo-couch.de und www.leda-verlag.de

Désirée Warntjen, 1964 in Fedderwardergroden geboren, wuchs in Jever auf und lebt heute mit ihrer Familie in Sande. Sie studierte Germanistik und Kunst an der Carl von Ossietzky Universität in Oldenburg, volontierte in der Redaktion der Tageszeitung „Anzeiger für Harlingerland" in Wittmund und arbeitet seit 2001 als freie Journalistin und Autorin für regionale und überregionale Printmedien. Sie ist Mitglied der Schreibwerkstatt „Lose Blätter" und verfasst literarisch überwiegend Kurzgeschichten und lyrische Texte.

Klaus-Peter Wolf, geboren am 12. Januar 1954, lebt als freier Schriftsteller und Drehbuchautor in Norden. Seine Fernsehfilme hatten oft hohe Einschaltquoten. Für sein Drehbuch zu „Svens Geheimnis" erhielt er 1996 den „Rocky Award for best made TV-movies" (Kanada) und den „Erich-Kästner-Preis" (Berlin-Babelsberg) sowie 1998 den „Magnolia Award" Shanghai für das beste internationale Drehbuch. Den „Anne-Frank-Preis" bekam er 1985 für Buch und Film „Die Abschiebung" (Amsterdam). Klaus-Peter Wolf gilt als leidenschaftlicher Geschichtenerzähler, seine Ostfrieslandkrimireihe um Kommissarin Ann Kathrin Klaasen als Kult. 2012 erschien der 6. Band, „Ostfriesenangst". Seine Bücher wurden in 24 Sprachen übersetzt und über acht Millionen Mal verkauft. Mehr unter: www.klauspeterwolf.de.

Vom gleichen Autoren-Team erhältlich: „Acht Siele – Acht Verbrechen"
192 Seiten | ISBN 978-3-939870-30-2 | Verlag SKN | 14,80 €

LFH
Linienflüge, Rundflüge und Charterflüge auf die Ostfriesischen Inseln und Helgoland
Im hohen Bogen auf die Insel
Tel. 04464 - 94 81 0
www.inselflieger.de
Luftverkehr Friesland Brunzema und Partner GmbH & Co. KG
Flugplatz Harle
26409 Wittmund-Carolinensiel
Email: info@inselflieger.de
inselflieger

Eine einzigartige Landschaft verdient ein einzigartiges Magazin
SKN Druck und Verlag
Stellmacherstr. 14 | 26506 Norden
Telefon: (0 49 31) 925-144
aboservice@skn.info | www.skn.info
Ostfriesland Magazin
DORNUM verpflichtet
Ein abendlicher Spaziergang durch die einstige Herrlichkeit
Ostern: Hobbykünstlerinnen stellen aus

1 | Alt Marienhausen, Sande (Turm)
2 | Beningaburg Dornum
3 | Bodendenkmal Sibetsburg
4 | Borgholter Burghügel, Wittmund
5 | Burg Berum, Hage
6 | Burg Edenserloog, Werdum
7 | Burg Fischhausen
8 | Burg Hinta, Hinte
9 | Burghügel Elmendorf
10 | Burg Kniphausen
11 | Burg Stickhausen, Detern (Turm)
12 | Evenburg, Leer
13 | Festungswälle Leerort
14 | Fort Mariensiel, Wilhelmshaven
15 | Gut Groß Scheep, Wiefels
16 | Gut Hahn
17 | Gut Loy
18 | Gut Osterberg
19 | Gut Scheperhusen, Eggelingen
20 | Gut Stiekelkamp, Hesel
21 | Gut Wichhusen, Hinte
22 | Haneburg, Leer
23 | Harderwykenburg (Hajo-Unken-Burg)
24 | Herzogliches Palais, Rastede
25 | Hohes Haus, Wolthusen
26 | Manningaburg, Pewsum
27 | Norderburg, Dornum
28 | Osterburg, Groothusen
29 | Rentmeisterhaus Uttum
30 | Schloss Aurich
31 | Schloss Fikensholt, Westerstede
32 | Schloss Gödens, Sande
33 | Schloss Jever
34 | Schloss Loppersum
35 | Schloss Lütetsburg
36 | Schloss Neuenburg
37 | Schloss Nordeck, Berum
38 | Schloss Philippsburg, Leer
39 | Schloss Rastede
40 | Sielhof, Neuharlingersiel
41 | Steinhaus Bunderhee
42 | Steinhaus Engerhafe
43 | Steinhaus Nesse
44 | Steinhaus Stapelmoor
45 | Ulferts Börg, (Steinhaus Upgant-Schott)
Krimi-Orte
übrige Burgen
Nordsee
Baltrum
Langeoog
Spiekeroog
Wangerooge
Norden
Esens
Wittmund
Jever
Wilhelmshaven
Schortens
Jade-Busen
Aurich
Wiesmoor
Varel
Emden
Dollart
Leer
Westerstede
N
W
O
S